清史事典

陈捷先 主编

嘉庆事典

杜家骥 李然 编著

紫禁城出版社
The Forbidden City Publishing House

出版说明

清朝史事纷繁，史料浩如烟海。读者阅读相关书籍，往往对里面的地名、人名、制度、事件感到十分陌生，不知从何查索。这套《清史事典》丛书，便以清朝历代皇帝为单位，用年表式开列其在位期间的重要大事，再以辞典式文字来详解人、事、时、地等内容，使人一目了然，轻松掌握清朝史实。

本书由台湾著名清史、档案学家陈捷先主编，延揽两岸清史权威分别执笔。它有别于目前市面上传记、编年、辞典等类别的清史书籍，可说是第一部结合传记、年表、辞典的工具书性读本。每册集中介绍一代皇帝及其制下的王朝，主要内容包含“皇帝小传”、“皇帝年表”和“皇帝辞典”三大部分。其中，“小传”简要评说这位皇帝的特色与经历，“年表”清晰地展现当朝的重大事件，“辞典”则条理清晰地介绍、解释走入重大事件中的人与事。书末还附有“后妃表”、“子女表”、“年代对照表”、“辞条索引”、“译名对照表”等，以便读者查阅检索。

这套书在台湾出版后，受到社会各界的广泛好评。为满足大陆读者的需要，经台北远流出版公司授权，本社特以简体字形式重新出版，不足之处敬请读者不吝指教。

紫禁城出版社

2010年7月

主编的话

陈捷先

清朝是帝制中国的最后一个朝代，也是中国专制与民主政体的分水岭，因此清朝在整个中国史中具有承先启后的地位与作用，这是毋庸置疑的。在历史长河中，清朝确实也是中国由强变弱、由先进变为落后、由主权独立变为半殖民地的转折时刻，而日后中国的政治、经济、军事、外交、文化、民族等等的问题，又大都与清朝有着分割不了的关系，不是清朝演化的，就是清朝延伸的，这就使得清史研究至今仍有其学术与实用价值的主要原因。

然而清朝的史事纷繁，有宫廷的，有国内的，有边疆的，有国际的，有政经文教的，有军事外务的……真是不一而足，包罗万象。同时这些历史事象又能反映巨大世局的变化，更有深刻的历史内容，因此一个人若要研究清史，往往真有翻读《二十五史》的感觉，“不知从何开始”。清朝的史料也是浩如烟海，有汉文的，有满文的，有其它少数民族的，也有东洋与西洋的，要搜集、整理、编印、利用这些资料，实在不易。同时清朝史料还有内容失实的、伪造的、互相抵牾的、简略疏漏的，不经专家学者精心考证分析与去芜存菁，势必不能取得有益的、可信的素材，根本写不出让人共信的历史。

所幸近几十年来，清朝深宫大内的珍藏，中央与地方的档册，非汉文的多种国内外语文史料，逐渐编辑或翻译成书了，而专家学者们的研究成果也日新月异的陆续问世了，这给治清史的人提供了不少参考之资。不过这些学术论文、专书与史料汇编，有的过于专精艰深，有的分散不易获得，对研究、教学及一般人士的利用，仍有不便之处。台北远流出版公司为服务各界，特发起编纂《清史事典》丛书，邀约清史学者多人，分别执笔，以清朝历代皇帝为单位，用年表式开列其在位期间的重要大事，再以辞典式文字来详解人、事、时、地的内容，使读者一目了然，容易掌握当年的史实。本丛书出自多人之手，写作时间又不多，疏忽与错误之处在所难免，尚望方家君子不吝指教，以便再版时修正。

前言

历时较长的朝代，均经过由盛而衰的历程，清朝也不例外，在历经康熙、雍正乃至乾隆时期的鼎盛之后，嘉庆之时，已处由盛而衰阶段。本事典所述，就是清朝这一时期的历史。

各个朝代的中衰，表现各异，程度不同，嘉庆朝处于由盛至衰的转变之期。其衰败之象，其实在乾隆后期就已渐显征兆，只是在盛世升平的掩盖之下，乾隆朝的当政者们尚未认识到而已。乾隆五十八年（1793），清廷百官共祝皇帝万寿，君臣陶醉于所谓的繁盛升平的喜庆之中，而西方英国使团从旁观者的角度评论，当时的大清王朝，已“好比是一艘破烂不堪的头等战舰”，这只是从中英两国的对比，对缺乏生气而趋于腐败的清政府得出的笼统认识，他们还不清楚清国基层的社会问题。就在这次乾隆万寿庆典仅过两年之后，便爆发了西南几省的白莲教民众反乱。

清政府历时九年，才平定了这场反乱，清王朝又恢复了相对稳定的统治时期。但社会问题并没有从根本上解决。大量增加的人口，导致人均耕地面积减少，无业贫穷之游民大量增多，成为社会的不安定因素；盗抢之事时有发生；佃农队伍扩大，田主增租夺佃，又造成主佃矛盾；贪官污吏勒征钱粮，激发田主反抗官府的民变事件不断出现。

政府方面的问题，主要表现为吏治败坏、财政亏空、武备废弛。其时，陋规盛行，官吏以各种名目、手段加征赋税，取得规定额征之外的收入，名为解决行政经费之不足，实际发展为官吏加征侵占的借口，相沿已久，无法革除，已成王朝政府默认的行为。非经征官员则靠收受征税官吏所送的“规礼”获取薪俸之外的收入，这在官场上早已是司空见惯。财政方面，赋税收入不能如数落实，严重亏欠，而平定白莲教反乱，又耗用两亿两白银，此后的治河乃大笔开支。入少出多，财政拮据，成为困扰清政府的大问题。武备废弛，主要表现为八旗、绿营官兵腐化，战斗力严重下降，以致在镇压白莲教时不得不招募大量非正规军的乡勇。教乱平定之后，军队状况一仍如旧。行政方面，官员怠惰，玩忽职守，委政幕客、书吏，是官场的普遍现象。总之，当时的大清王朝，已是往日盛世的风光不再，而且暮气潜生，呈中衰之象，而这一切，又是乾隆盛世后期就已出现之征象的进一步发展。

嘉庆皇帝在登基之初，确也很想有一番作为，下诏咨询，广泛征求革新建议，但这位新君的性格及行政原则与作风，又决定了他不可能作大刀阔斧的改革。他的行政原则是守成，谨守祖宗基业，恪守祖制。在他看来，正是前辈们圣明完善的祖制，才造就了大清王朝的盛世，祖制原则，万不能轻率变更，岂不知正是祖制的某些弊端，至嘉庆时期已明显暴露，只做些头痛医头、脚痛医脚的处理，是解决不了根本问题的。另外，有些问题又属帝制时代官僚制的根本痼疾，且积重难返，是不可能从根本上解决问题的。清代又是君主专制极端发展的朝代，以主自居的皇帝容不得臣下奴才对其尊威有半点损伤，所以往代那种公开指摘皇帝过失的犯颜诤谏现象，在清代绝少见到。主奴性的君臣关系同样存在于嘉庆皇帝的观念之中，因而在其下诏求言之期，洪亮吉的建言，便因言辞有些偏激，有伤嘉庆帝的颜面，而遭惩治。如此对待，臣下只好箴口不言，明哲保身了。所以嘉庆一朝虽有诸多社会、朝政问题，也没有出现如宋代王安石、明代张居正那样大胆建议并主持改革的官员。嘉庆皇帝勤政且有图治之心，但并非勇于改革、阻遏颓势的中兴之主，守成而带有保守性，他不具备乃祖雍正帝的魄力与实行严猛政治的作风。所以其在位的二十五年间，并无多大政绩，诸多问题依然如旧。以上诸方面的详情，在本书的“嘉庆皇帝小传”及“大事记”中有所记述。惟体例所限，不可能面面俱到，其挂一漏万、不当之处，尚祈指正。

凡例

1. 本书正文分为“小传”、“年表”和“辞条解释”三大部分，依年代先后编排，特别以黑体字标示出辞条条目。
2. 为了便于对照参阅，每一开页上半部的年表和下半部的辞条解释力求相互呼应，或可于前后页索得为准则。
3. 关于日期的表达方式，统一以阿拉伯数字代表阳历日期，以汉字代表阴历日期。日期不明确者，集中于该年之末，这部分的公元纪年以灰色字表示。
4. 每个辞条中，每个年号首次出现时均附加公元纪年，其余除日期明确或特殊状况外，不另行标注。
5. 人名、地名等因音译而有不同译名时，本书力求统一用法，以避免因混用而造成困扰。但于个别辞条解释中，再将不同的译名列出，供读者参考。
6. 本书共选取515个辞条。
7. 书末附录包含“嘉庆皇帝后妃表”、“嘉庆皇帝诸子表”、“嘉庆皇帝诸女表”、“年代对照表”、“辞条索引”及“参考书目”等，方便读者查阅检索。

目录

【清仁宗】

嘉庆皇帝小传

姓名：爱新觉罗·颙琰

父亲：高宗乾隆皇帝弘历

生母：孝仪纯皇后魏佳氏

出生日期：乾隆二十五年十月初六日丑时

登极日期：嘉庆元年正月初一日

称帝年龄：37 岁

亲政日期：嘉庆四年正月初三日

亲政年龄：40 岁

在位时间：25 年

薨逝日期：嘉庆二十五年七月二十五日戌刻

享年：61 岁

年号：嘉庆

谥号：睿皇帝

庙号：仁宗

陵名：昌陵

【清仁宗】

嘉庆皇帝

嘉庆帝（1760—1820），爱新觉罗氏，名永琰，乾隆皇帝第十五子。乾隆二十五年十月初六日（1760年11月13日）丑时，生于圆明园的“天地一家春”（宫殿名）。生母魏氏，内管领清泰女，其家本汉人出身，编入内务府包衣旗，这包衣，是满语booiaha，即“包衣阿哈”的简称，乃皇家奴仆。所以嘉庆帝是皇室奴仆出身的魏氏所生。其出生时，母亲魏氏仅是乾隆帝众多后妃中的一个嫔，号令嫔。清朝皇帝的后妃，按等级身份从高到低排列依次是：皇后、皇贵妃、贵妃、妃、嫔，以下是身份更低的贵人、常在、答应。所以魏氏当时的身份并不高，由此也影响到其所生子女的身份，因而这皇十五子永琰，在乾隆帝的诸皇子中身份一般，并不尊贵。但就是这个不起眼的小皇子，在皇家优越的教育条件培养下，日后却赢得了乃父乾隆帝的青睐，而被内定为皇太子，成为未来皇位的继承人。

清朝的皇子教育非常严格，乾隆又是一个对皇子教育比较重视的皇帝，当时曾在皇宫内军机处值过夜班的著名文人兼官员赵翼，曾据其所见介绍：“本朝家法之严，即皇子读书一事，已迥绝千古。余内值时，届早班之期，率以五鼓入，时部院百官未有至者，惟内府苏喇数人（谓闲散白身人在内府供役者）往来。黑暗中残睡未醒，时复倚柱假寐，然已隐隐见有白纱灯一点入隆宗门，则皇子进书房也……既入书房，作诗文，每日皆有课程，未刻毕，则又有满洲师傅教国书，习国语及骑射等事，薄暮始休。然则文学安得不深？武事安得不娴熟？”永琰就是在这样的教育环境中度过他的学习生活。他六岁（虚岁，下同）入学，开始是由奉宽先生教他背书识字，至十三岁时，已经能够背诵“五经”。此后，又先后由翰林院编修谢墉、侍讲学士朱珪专职教其学作诗、文。乾隆皇帝对皇子们的学习抓得很严，不仅检查他们的出勤情况，而且不时过问各皇子的功课。大约是教书先生对这位皇十五子学习情况的介绍，以及乾隆帝本人的观察均给乾隆帝留下了较好的印象，因而就在乾隆三十八年（1773），也即永琰十四岁的时候，他被乃父乾隆帝以“秘建储君”的方式秘定为皇太子。说到秘定太子，此处有必要对清朝的这种特殊选皇储方式，以及乾隆帝立储的周折过程作一番交代。

乾隆帝的祖父康熙帝在位时，曾经选立嫡子胤礽为皇太子，并按照汉族王朝的立储制度，诏告全国。不想到了康熙朝后期，这位太子与皇父的矛盾越来越深，迫使康熙帝不得不最终将他废掉，其间还经历过一次复立又废的反复。就在这反复立废的过程中，康熙帝的其他皇子为争得皇储，各自树立党羽，费尽心机谋求，甚至谋害胤礽，最后康熙帝不仅再次废掉胤礽，而且宣布不再明立太子，只在心中默定。雍正帝继位后，吸取康熙朝建储的经验教训，不再明立太子，而是将心中默定的太子书写两份，一份藏于内廷乾清宫的“正大光明”匾的后边，另一份自己收藏，并且明示群臣，太子已立，“国本”确定，臣民尽可放心。他所密立的这位太子，便是皇四子弘历，即后来的乾隆帝。雍正帝临终，大臣按他的指示，从乾清宫正大光明匾后取下那份密旨，与其身边收藏的那份对照，弘历由此顺利承继大统。乾隆帝继位后不久，遵行乃父这一“秘密建储”之法，密立嫡子永琏为太子，不想这位皇子两年后病亡。此后，乾隆帝又曾先后想立皇七子永琮、皇五子永琪，这两位皇子同样未能长寿，其中永琮仅两岁便感染天花而亡。因为是秘密立储，所以上述乾隆帝之立永琏为太子，以及后来想立永琮、永琪，都是事后他向群臣透露，大家才知道的。皇五子永琪死于乾隆三十一年（1766）三月。此后的七年中，乾隆帝又在其他几位皇子中物色人选。当时在世的皇子共有七人，其中皇四子永珹、皇六子永瑢已出继旁支为嗣，其余五人是：皇八子永璇、皇十一子永瑆、皇十二子永璂、皇十五子永琰、皇十七子永璘。这五人中，皇十二子永璂的身份最高，他是乾隆帝第二个皇后乌喇那拉氏所生，当时十五岁，但就在这上一年（乾隆三十年），其生母那拉氏皇后与乾隆帝发生尖锐矛盾，其真实具体原因，至今仍是个谜。乾隆盛怒之下想把她废掉，虽因群臣苦谏未成事实，但那拉氏的皇后已名存实亡，次年，即乾隆三十一年七月便悒郁成疾身亡。乾隆帝尚余怒未消，命以低于皇后规格的皇贵妃丧礼葬之。这一事件殃及皇十二子永璂，且永璂又无出众才能，所以他已不大可能被立为太子。其他几位皇子，皇十七子永璘，出生于乾隆三十一年五月，当时尚在襁褓之中。皇八子永璇，年龄较长，但举止轻浮，做事不得体，人缘也不太好，并曾受到乾隆帝的公开斥责。皇十一子永瑆，文才较优，尤善书法，但乾隆帝对他的不重骑射、仿效汉族儒生的文人习气很是反感，也曾严厉申斥。相比之下，皇十五子永琰在当时的诸皇子中，其才德就算是较优的了。乾隆后期的一些口碑反映也说明了这点。出使清朝的朝鲜使节，曾据他们的见闻向本国国王介绍当时几位皇子的情况，以推测谁是被立的皇储，他们说皇八子永璇是“沉湎酒色，又有脚病，素无人望”；还有的说他“性行乖戾，屡失上意”。对皇十一子永瑆的评价是“为人恺悌，最著仁孝”，但“柔而无断”。而对皇十五子永琰，则颇多赞誉，有的称他“饬躬读书，刚明有戒，长在禁中，声誉颇多”，有人说他“勤于学业，而人望所在”，“为人沉重，处事刚明，皇帝宠爱，朝野想望”，还有人称赞皇十五子“度量豁达，相貌奇伟，皇上以类己，最爱，中外属望焉”。乾隆三十八年（1773）冬，已是六十三岁的乾隆帝最终确定了皇储的人选，将密旨缮写两份，分藏于乾清宫正大光明匾之后及自己身旁，并将此事谕知军机大臣。乾隆帝密定的储君，与大家的推测是一致的，是皇十五子永琰。当然，这是乾隆六十年（1795）九月乾隆帝即将禅位之际，才宣示揭晓的。

从乾隆三十八年（1773）永琰十四岁到嘉庆元年（1796）他三十七岁时登基，这位被密立的储君还有二十余年的皇子生活经历。这二十余年，既是他漫长的学习、被培养的过程，又是其娶妻生子的时期。

满族婚龄较早，永琰在被密立为太子的第二年，即乾隆三十九年（1774）他十五岁时，经乃父指婚，与内务府总管大臣和尔经额之女喜塔腊氏结姻。这位喜塔腊氏被册封为永琰的嫡妃（嫡福晋）。至乾隆六十年（1795），永琰至少已有六位妻妾，除喜塔腊氏外，还有侧妃钮祜禄氏及侍妾刘佳氏、侯氏、关氏、沈氏。永琰继位前，这六位妻妾曾为永琰生有三子七女，其中六个都已夭殇，成育者仅两子、两女，他们是：次子绵宁（后继位为道光帝）、三子绵恺（后封惇郡王）、第三女（后封庄敬公主）、第四女（后封庄静公主）。

继位前的这二十余年间，永琰主要是在皇宫中生活。从乾隆四十一年（1776）起，侍讲学士朱珪入值专门教育皇子皇孙的上书房，成为永琰的专职教师。这一年永琰十七岁，朱珪四十六岁。朱珪出身于诗书世家，十七岁中举，十八岁成进士，朝考选为翰林院庶常馆庶吉士，习清文（满文），以散馆第一而留为翰林，其才学品行皆为乾隆帝所赏识。乾隆选这样一位醇儒俊杰之士教导永琰，可见对永琰培养之眷注。乾隆四十五年（1780），朱珪受命任福建学政，临行送五句箴言与永琰，为：养心、敬身、勤业、虚己、致诚。受教于朱珪的这几年，正是永琰人生成长过程中的重要年龄时期（永琰十七岁至二十一岁），朱珪平日的言行对他的影响甚大，这五句箴言，主要是道德、操行方面，是朱珪这几年中对永琰品行教导的内容，也是对他以后的勉励。永琰恪遵师训，在其继位后，仍把这五句箴言置于座右。

二十一岁以后的十几年中，永琰也参加了一些实践活动，如乾隆四十八年（1783）八月，他与其他皇子随父皇东巡盛京，拜谒祖陵，这是清朝皇帝教育后人缅怀先世创业之艰、勉励其谨守祖业的方式之一。同年十月，朝隆帝又命包括永琰在内的诸皇子及大臣，采辑历代册立太子而酿成争端之事，勒为一书，名为《古今储贰金鉴》，以为戒鉴，并证明本朝秘密建储的合理性。次年，永琰随父南巡，至浙江杭州，其间祭奠孔子，接见官绅士人，见识了南方的风土民情。乾隆五十四年（1789）十一月，永琰与他的两位皇兄弟同被册封，他被封为嘉亲王，皇十一子永瑆封成亲王，皇十七子永璘封贝勒，低亲王两级。他的皇兄出继慎王府的皇六子永瑢，由质郡王晋封为质亲王，而另一位皇兄皇八子永璇，在乾隆四十四年（1779）时已封仪郡王，此时未再晋封，反在其两位皇弟永瑆、永琰爵级之下。从这一封爵待遇，可看出乾隆帝对诸皇子的态度，乾隆对永瑆、永琰是比较有好感的。这时的大臣们猜测，乾清宫正大光明匾后面所书的皇储之名，大约不出这两人。五年后的乾隆六十年九月初三日（1795年10月15日），乾隆帝终于揭开谜底，他召集诸皇子、皇孙、王公、大臣于勤政殿，当众开启二十二年前所写的密旨，公同阅看，并让臣下公布：当年密立的皇太子是皇十五子永琰。并于当日正式册封永琰为皇太子，同时宣布明年正月禅位，以实现他曾说过的在位之年不超过其皇祖康熙帝之六十一年的诺言。九月初三日是他的登基纪念日，六十年前的雍正十三年九月初三日（1735年10月18日），他于紫禁城中的太和殿即皇帝位。

乾隆帝在册立皇太子的同时，还将永琰的生母令懿皇贵妃追赠为皇后，并改永琰的名字为颙琰，以使臣民易于避讳。另外规定，禅位后的他称“太上皇帝”，太上皇帝的谕旨称“敕旨”，太上皇帝生日称“万万寿节”，嗣皇帝生日称“万寿节”。嗣皇帝登基后，太上皇帝于军国大事及用人行政诸政事，对嗣皇帝仍“躬亲指教”，嗣皇帝“敬聆训谕”，这就是所谓的“训政”。

嘉庆元年正月初一日（1796年2月9日），同样是在太和殿，举行了盛大的传位典礼，颙琰受禅登基。大乐声中，乾隆帝亲授“皇帝之宝”的玉玺，颙琰跪受，并率王公大臣向太上皇帝行三跪九叩大礼，然后太上皇帝还宫，授受典礼结束。嘉庆帝退至保和殿更换皇帝礼服，御太和殿登基。在同样的礼乐声中，王公大臣及藩国使节向新皇帝行三跪九叩大礼，此时的颙琰，正式成为皇帝。随后，礼部及鸿胪寺官在天安门城楼宣布乾隆帝的传位诏书，改元嘉庆。

一般皇帝继位，都是在老皇帝的丧期，宫中大乐，设而不奏，也无喜庆之典。嘉庆帝的继位，是乃父在世的传位，且乾隆帝耄耋高寿，这一禅位、登基大典，自然是喜庆隆重，风光无限。然而继位初的嘉庆帝在皇权的掌握上，却是有名无实。太上皇乾隆帝仍然居住在以前皇帝处理日常政务的养心殿，中央各部院及地方督抚大员关于重要政务的请示，以及官员的任免等等，依旧由他指示、裁决。太上皇乾隆帝说自己“每日披览章奏，于察吏勤民之事，随时训示子皇帝”，乃是训练子皇帝处理实政的能力。所以政令的发布是以嘉庆帝名义，而实际体现的是太上皇的意旨。另外，此前的乾隆朝后期，和珅是颇得乾隆帝宠信的权臣，身任要职，揽权行私。嘉庆继位初，由于太上皇训政，和珅仍是太上皇的宠臣，不仅仍如以前一样弄权，而且趁新皇帝权弱之机进一步揽权。嘉庆二年（1797）八月，阿桂去世，和珅成为军机处的首席军机大臣，竟然命本应单送皇帝的官员奏折另副一份送军机处，这是明显的违背成例、侵蚀皇权的行为。碍于太上皇之训政，嘉庆帝对此只是隐忍不发。

嘉庆四年正月初三日（1799年2月7日），刚刚进入新年的乾隆帝病逝于养心殿，嘉庆帝也由此开始了他名副其实的皇帝人生。其亲政后所办的第一件大事，便是翦除和珅。就在乾隆帝死去的次日，嘉庆帝便命和珅于宫中日夜守丧，而褫夺了他的军机大臣、九门提督这两个要职。几天后，诛除和珅的具体方案已酝酿成熟，于初八日（1799年2月12日）付诸实施。这一天，首先是由都察院的两位给事中王念孙、广兴弹劾和珅的种种不法罪状，紧接着，宣布革去和珅的内阁大学士及其党羽福长安的户部尚书职。同时，嘉庆帝又命他的两位皇兄仪亲王永璇、成亲王永瑆传旨，将和珅、福长安逮捕下狱，严加看守。另外，由永瑆及其皇侄绵恩等带人查抄和珅家产。和珅柄权之时，贪得无厌，广收苞苴，聚敛了巨额财富，查抄的财物，除了巨额的白银、黄金外，还有珠宝玉器、绸缎、皮张、人参、洋货、古玩字画、衣服等上万件，以及庄田、钱庄、当铺、房屋等等，另外，还查出比照皇家建筑的“逾制”饰件及器物。清查出的这些对象及巨额财富，与其职任上的一些专擅、不法行为，构成了和珅的二十大罪状，判处其死刑。与此同时，因私人关系而被和珅提拔的侍郎吴省兰、李璜，太仆寺卿李光云等人均被降职。俗话说一朝天子一朝臣，在清除和珅所用之人的同时，嘉庆帝又任用了一批王公大臣作为推行其新政的助手。其刚继位时，曾下诏调他的老师朱珪来京，准备委以内阁事务，由于和珅在太上皇面前作梗而没有调成。太上皇死的当天，嘉庆帝发布八道谕旨，其中一道，便是召朱珪入京供职。五天后，又任命其皇兄成亲王永瑆、大学士董诰、兵部尚书庆桂为军机大臣，永瑆还总理户部兼管户部三库事务，掌握财权。嘉庆帝的另一位皇兄仪亲王永璇被任命总管吏部，掌官员任免权。永璇还与永瑆之子绵懿（过继永璋）、嘉庆帝的姊夫固伦额驸拉旺多尔济（嘉庆帝同母姊和静公主丈夫）同被任为护卫皇宫的领侍卫内大臣。睿亲王淳颖受命管理理藩院，掌边疆少数民族事务，兼任御前大臣。嘉庆帝皇侄定亲王绵恩任步军统领，负责京城的保卫与治安。嘉庆帝的同母弟庆郡王永璘在内廷行走，接受临时性的差遣。

官员调配、人事问题解决后，嘉庆帝开始推行他亲政后的“新政”。

乾隆朝号称清代盛世，但乾隆帝留给嘉庆帝的，却不是坐享其成的盛宴，而是一个诸种问题积累、社会矛盾尖锐亟待整治解决的烂摊子。吏治腐败，贪污盛行，是乾隆中期以后就已严重发展的政治问题。官吏盘剥，官逼民反，又造成西南各地此伏彼起的民众反抗。镇压平息民众反抗，成为巩固清王朝统治的当务之急。

嘉庆帝亲政伊始，就急切下诏求言。一时言路大开，各种建议纷纷反映到嘉庆御前。继弄权贪黩的和珅被惩治后，湖南布政使郑源琫，因多方需索，苦累百姓，被革职拿问，判以斩首，以此儆戒各省大员。湖北武昌知府常丹葵，在缉查白莲教众时，吓诈民众，滥施刑罚，激成事端。嘉庆帝接到官员之参劾，立命湖广总督将常丹葵革职，解京治罪，想借此向民众表明朝廷对虐民之官的严厉惩治态度，收“安民制乱”之效。

爆发于贵州、湖南的苗民反抗，在嘉庆帝亲政前就基本已被平息，而湖北、四川、陕西三省的白莲教起事则方兴未艾，嘉庆帝亲政后，为统一军队指挥，设置经略大臣，令其他统兵将领，均听经略大臣节制。同时，惩治、更换一些畏葸退避、带兵不力的将帅。另外，为了孤立白莲教军，在其活动地区实行民众编查保甲，设置乡丁，结村自保，坚壁清野等措施，逐渐使白莲教军成为无助无援的游移之众。清廷还实行招抚诱降的手段，对白莲教军进行分化瓦解。至嘉庆九年（1804），教军终被彻底镇压，清政府结束了这场旷日持久的战争。此后，东南沿海的“洋盗”蔡牵船队形成反乱势力。嘉庆十八年（1813），直隶、河南等地的天理教反清，则是王朝统治的心腹之患。可以说，在嘉庆当皇帝的二十五年中，大半时间都不安宁。清王朝为镇压白莲教付出了巨大代价，军饷耗费总计多达亿两白银，乾隆时期积攒的库藏消耗殆尽，王朝财政由此陷入一蹶不振的困境。

财政拮据，一直是困扰嘉庆朝的重大难题。主要表现是入少出多。入少是收入减少，表现为额征赋税不能如数征收，连年亏欠，嘉庆十三年（1808），全国积欠地丁银达一千余万两，两年后不仅没有弥补亏缺，减少旧欠，积欠反而增至一千五百万两。又两年后的嘉庆十七年（1812），又增至一千九百余万两。积欠有一部分是百姓欠交，还有是官吏侵贪所致，即使征收完额，没有民欠，官员也往往将所征之银弥补侵蚀的亏欠，捏报种种理由归于民欠。出多是支出多。在镇压白莲教的大笔军费开支之后，治河费用也是一笔较大款项。治河，主要是治理在京畿地区经常泛滥的永定河和黄河、运河等与漕运有关的河道水系。永定河实为无定河，几乎年年决口，且常常殃及京城。而黄河的大量泥沙，常常造成下游沉积决口，危害甚大，且连及运送漕粮的运河。黄河决口，大批灾民受难，而且成为社会不安定因素，运道受阻，影响京城皇家、百官及禁旅八旗兵的食粮问题。这一切，使嘉庆君臣不能不高度重视，不仅河决时抢修，而且平时也要修补治理。嘉庆八年（1803）的抢修河南封丘的黄河决口，一次即用银一千万两。嘉庆十年至十五年（1805－1810），用于江苏、安徽两省内黄河、运河、淮河的治理工程，则达四千万两。这巨额的款数，其实大部分并非河工的实际用项，而是经管官员及其属下之委员、工头、幕宾、书吏等以多估工料价，虚报夸大工程等等手段冒领侵吞，蒙混开销。据知情者披露，其“实用之工程者十不及一”。军费开支中的这种情况更为严重。领兵者拖延战争时日，并虚报兵额，以多领兵饷军费，具体承办军需者，也上下其手，滥行冒销，有个名叫石作瑞的道员，仅其一人即侵蚀帑银达五十余万两。战争结束，一大批领兵将帅、经理军需者都发了战争财。

为了解决财政困难，嘉庆帝也确实颇费了一番心思，主要措施是清理地方积欠，严令地方官分期补足，但收效甚微，原因是吏治腐败，积重难返。

吏治败坏，到嘉庆朝已发展到非常严重的地步，其主要表现是贪风炽盛，贿赂公行，政务废弛，吏、幕害政。官员侵蚀挪用库帑，造成亏空，历任官员都把亏欠留给后任，形成积欠，这在当时的地方官署中是普遍存在的现象，已很难清理，也无法落实赔补。“陋规”盛行，是吏治腐败的突出问题，这一问题由来已久，清代由于对地方财政开支留存过苛，且官员薪俸颇低，造成官员不得不以各种名目加征百姓，因而火耗、浮收、勒折等等形式的加征，无法根除，为贪官污吏盘剥侵吞大开方便之门。非经征官员，则以收受下级或相关官员的“规礼”作为正俸之外的经常性额外收入，而且这类规礼之授受行之日久，已成流行定规和名目，如别敬（得官之人到地方任职，地方官到中央述职后回地方，给京城有关官员送礼），炭敬，冰敬（冬、夏两季送京官之礼的名称），以及红白事节寿礼等等，名目繁多。得礼之官，对送礼者的不法行为充耳不闻、视而不见，甚至为暴露者设法遮掩袒护。嘉庆十三年（1808）发生的李毓昌被毒杀案，害死李毓昌的贪官山阳县令王伸汉就曾买通上司淮安府知府王毂，由王毂将此案定为李毓昌自杀上报。这一冤案最终昭雪，而那些被掩饰过去的营私事件则不知凡几。

政务废弛，官员玩忽职守，是当时官场又一普遍现象。嘉庆帝曾在上谕中指斥“当今大弊在‘因循怠玩’四字”。政务的拖沓，以地方上的刑事案件最严重。嘉庆十二年（1807），直隶、江西、福建等省清查出的积压未结案件，少者数百件，多者一二千件，山东省积案，至嘉庆二十三年（1818）竟多达六千多件。各级官府，于案件并不细心核查，而是上下推诿。尽管嘉庆帝为此多次发布通谕，再三告诫，用他自己的话说已是“舌敝唇焦”，无奈官员们只当耳旁之风，仍然“悠忽为政”。嘉庆二十四年（1819），兵部大印遗失半年之久，该部官员竟然没有发觉。官员怠政，为胥吏的窃权舞弊制造了条件。

胥吏害政，是清代吏治败坏的一个突出表现，清人曾总结说，明朝是“与宰相、太监共天下”，而本朝也即清朝是“与胥吏共天下”，说的是清代之胥吏，有如明代之大学士之擅权及太监之窃权乱政。嘉庆年间发生的重大案件，就有多起是胥吏舞弊案。而这些奸吏所以能舞弊，乃至多年未被发觉，形成大案，又无一不是由该衙署的官员怠政渎职造成，如嘉庆九年（1804）的户部宝泉局亏短铜斤案、十三年（1808）的直隶布政司书吏舞弊案、十四年（1809）的仓场米石短缺案、工部书吏私造假印案等，都属这种情况（详见各该词条）。这些案件，嘉庆帝都亲自过问处理，严厉惩治。但是又屡屡发生，正反映了这种积弊的严重性，极难治理。

嘉庆帝当政后的清王朝，正处在由盛世开始走向衰败的时期，衰败除表现在国家府库帑藏的大量减少，经济实力大不如前，还表现为武力的衰弱。王朝赖以维护统治的八旗兵，早已失去清初其祖先时征服全国及此后远征朔漠时的勇武骠悍，八旗子弟，承平日久，渐趋腐化，以致在嘉庆初的镇压白莲教时，不得不依赖并招募临时性的地方乡勇。临战之时，领兵之将驱乡勇于前，畏缩不前的八旗兵置于其后。绿营兵同样无战斗力，平时也很少操练，军营中恶习成风，酗酒、聚赌、窝娼、吸食鸦片者颇多，军纪严重败坏。八旗、绿营从官到兵怠惰懒散成风，即使京城也是如此，以致嘉庆十八年（1813）的天理教军竟然把攻击的目标直指北京城，而且轻易地打进皇宫。此前还有刺客陈德父子潜入皇宫，直接向嘉庆皇帝行刺。这些都是历史上的罕见事件。军队怠惰腐化，武力衰弱；财政拮据，不见好转，继续恶化。庞大帝国，空有躯壳，而毫无生气，这一切，都被虎视眈眈的西方列强看在眼里。

嘉庆帝当政时期，又是西方国家主要是英国力图扩大对华贸易，以获取巨额利润的时期，在这一过程中，既有正当贸易，也有不道德手段，如鸦片的输入。清代自康熙朝起，就有少量的鸦片输入，当时尚作为药品，因而清政府把它视为进口商品，征其额税。但由于鸦片易于上瘾，不少人不断吸食，进口量也不断扩大。至乾隆五十五年（1790），年输入量已达四千多箱，约四十多万斤。鸦片昂贵，不少白银因此外流，而且吸食鸦片对人的身体、精神都有很大损害，因而引起清政府对这一贸易动向的关注，嘉庆元年（1796），开始禁止鸦片进口，从此，鸦片成为非法商品。这对于唯利是图的西方鸦片商来说，是个很大打击，他们不甘心这种尽管是非法的巨额利润的断绝，仍暗中向中国偷运。自嘉庆五年（1800）以后，嘉庆帝又多次发布严查鸦片进口的禁令，并制定对买食者惩治的条例。应该说，嘉庆帝的这些努力是收到了一些成效的，鸦片输入量比乾隆后期减少。但只是减少，每年仍不断有相当数量的鸦片由沿海偷运进入。原因主要在于吏治的腐败，负责查禁的官员、兵丁，不少人接受外国鸦片商的贿赂而纵容其与内地商人暗中交易，甚至有官员兵丁本身就参与交易，以大获其利，以致此后不久的道光朝，鸦片在内地严重泛滥，对国家财政、兵力及社会造成极大危害，不得不实行更严厉的禁烟运动。

英国为扩大对华贸易，曾在乾隆五十八年（1793）时，派遣以马戛尔尼（Earl George MaCartney, 1737－1806）为首的使团来华，向清朝政府提出要求，因涉及中国的领土主权问题，而遭到乾隆帝的断然回绝与驳斥。事隔二十多年的嘉庆二十一年（1816），英国再派阿美士德（Lord William Pitt Amherst, 1773－1857）为正使的更大的使团来华。对于乾隆年间马戛尔尼等来华的目的、要求及乾隆帝的态度，嘉庆帝是记得十分清楚的，所以当他得知英国再次派遣阿美士德一行来华，心里早有成规，因谕令有关官员：只准其使团船只由天津登岸进京，不准在其他地方着陆；严格限制其进京人数；若如上次提出拨与其沿海之地以便其贸易之事，即先行严词驳斥，以绝其妄念；英使觐见及进表等礼仪，应行三跪九叩礼。对于最后一条的礼仪问题，英使并不同意，与清政府的迎接官员一直未取得一致意见，以致在嘉庆帝召见时，还几次推托，迟迟不进殿，嘉庆帝忍无可忍，下令遣回。此次中英接触，英方不仅未达目的，而且大失颜面，为其以后变换方式，最终采取武力手段埋下了伏笔。

综观嘉庆帝在位的二十五年，为了挽救大清王朝的颓势，可谓是苦心积虑。他是个勤政的皇帝，可以说是宵衣旰食。这也是其先人几辈皇帝的勤政传统，皇室家风的熏陶。他也要求臣下尽心政务，为此多次告诫臣僚。无奈官场疲玩委靡，积习相沿，极难根除，官员怠政之风也不见好转。他还是个节俭的皇帝，无声色狗马之娱，而且以崇俭黜奢自律，严禁地方官向他进呈贡物，违者以抗旨论处。其五十岁寿日时，下令民间不许为此陈设戏乐；六十大寿，不准地方督抚等按惯例进呈金珠玉器。他想以此影响官民，去奢靡之风习。而效果甚微。

嘉庆帝也很想有一番作为，因而在亲政后，就积极征求臣下建言。大臣们的建议，有的切中时弊，被他采纳，如整顿关税、盐务积弊，罢免举用私人的官员，以及惩处贪官等等。但有的建言，在他看来是无知妄奏，荒唐可笑，甚至还有出于一已之私者，如建议增加俸禄、赏赐兵丁，嘉庆帝认为，提这种建议者，不考虑是否可行，若蒙允准，可以买好于人，如果不采纳，岂不归怨于皇帝。还有的奏请修某处工程，不过是想沾其余润。凡此，不外是为了名利。为此，他告诫内外官员，若怀私奏言，便治以妄言之罪。这就让大臣们感到为难。如果被皇帝理解为是“怀私”上奏，岂不惹祸。嘉庆帝对某些建言的分析不无道理，但如此对待，则无异于对他的广求建言设置了障碍。而此后对上奏者洪亮吉的严厉打击，则产生了更大的负面影响。洪亮吉，乾隆后期入翰林院，嘉庆初又与修《清高宗实录》，在嘉庆帝下诏求言后上了一份数千言的言事书，这份言事书不是针对某件事情或某个官员，而是对当时整个朝政的各种弊端和行政不足之处进行分析，由于言辞直切，伤了嘉庆帝的面子，洪亮吉指出，皇上求治之心虽迫切但不得法，用人行政也并未能从根本上改变以前的做法，因而风俗仍日趋卑下，赏罚仍不严明，言路似通而未通，吏治也未整肃。尤其是说嘉庆帝近几个月视朝稍晏，并推测是否在后宫之中有俳优之类亲近，蛊惑皇上圣听。这令嘉庆帝大为恼火，指斥他违背事实，表白自己孜孜图治，每日召见大臣，披阅章奏，你所说俳优蛊惑有何根据？因命交军机大臣及刑部会同审问，军机大臣等拟大不敬之罪处斩，嘉庆帝令从宽免死，发遣伊犁。洪亮吉所说，虽有事实出入、言词偏激之处，但他毕竟是出以公心，为国家、为皇帝治政着想，如此判处，谁还敢直言谏诤？古代帝王专制时代，皇帝维护其专制与尊威，能容忍臣下对其说三道四者极少，在臣为奴、君为主的清代更是如此。也许是嘉庆帝觉得此事做得有些过分，于次年又将其释回。但它所造成的影响却是短时间难以消除的，正如嘉庆帝所说，是“言事者日少”，即使有，也是寻常之事。至于评论君德之事，绝无敢言者。清代是专制皇权极端发展的时代，皇帝的尊严容不得他人半点损伤，乾纲独揽的皇帝也不许臣下有丝毫的专擅行为，事无巨细，皇帝都要躬自断制。其造成的后果或者说是政治特色，就是只有专制勤政的皇帝，而很少有作为的大臣，皇帝的行政过失也不能得到及时的匡正，嘉庆帝当政时也是如此（这种状况在同治以后才有所改变）。他不能从根本上调动大臣的积极性，使他们能充分发挥其才能。他严禁大臣专擅，还导致另外的负面影响，官员们推诿、因循，不实心任事乃致怠政，与此不无关系。所以嘉庆帝虽很想扭转清王朝之中衰，但仅凭其专制皇权的尽力发挥，是不可能做到的。

嘉庆帝还是个保守的皇帝，清朝皇帝的家法有一条重要内容“法祖”，“法祖”的主要原则便是循从祖制。至于嘉庆帝，他认为列祖列宗开国创业，造就王朝盛世，在这一过程中形成的治国之法超越往代，自己只应稳守先人大业，按先人之法巩固基业，祖宗之法不可轻易变更。而实际情况是，大清王朝已从其鼎盛时期衰落，以前为盛世所掩盖的诸种矛盾和积弊，在此时已明显暴露，亟宜大力改革，而保守的嘉庆帝恰恰在这最大而且是关键的问题上，没有作出相应的变革。如漕运问题，为了顺利运输漕粮，而花费巨额款项治理河道，嘉庆十五年（1810），试行海运本已提上议事日程，但因两江总督铁保提出海运不可行的种种理由，嘉庆帝便不敢冒此风险，且告诫臣下：“利不百不变法，”“唯有谨守前人成法，将河道尽心修治。”以致在其为政时期“无敢言海运者”。而清王朝在咸丰以后，最终还是实行了海运漕粮。再如陋规问题，是贪污贿赂盛行，吏治极端腐败的根本原因所在，到嘉庆时期已发展到相当严重的地步，这也是以前旧制沿袭的结果。清代惩明朝赋税征收的三饷加派之弊，自清初起便向全国宣布废除明代之加派，而且“永不加赋”，这永不加赋便成了清朝皇帝争取广大汉族百姓民心的奉行不替的祖制，但为了维持收支平衡，除了在收入上实行捐纳制外，在开支上则力行节流，压低官员薪俸及行政经费，以致官员不得不以各种名目加征赋税。开始是加征“火耗”，雍正时改革，革火耗名目，堵官员加征之借口，将耗羡归公，解决官员低薪及办公经费短缺问题。此后，浮收、勒折又成了新的加征手段，这种陋规收入数量越来越大，成为官员侵占私肥、打点上司及贿赂的重要来源，嘉庆亲政后，有人提出取缔陋规，严禁浮收、勒折，由国家根据实际需要情况定出某些合法征收的范围，明码征收，以补实际需要之不足。但嘉庆帝碍于“永不加赋”的祖制，根本没有勇气这样做，他认为这陋规乃是“积习相沿，由来已久，只可将来次第整顿，不能概行革除”。虽然他几次谕令地方官严禁浮收、勒折，但实际上这陋规问题根本未能触动，只有任其延续存在，成为吏治腐败的痼疾。

对于军队腐化战斗力的削弱，嘉庆帝也拿不出什么好办法。木兰秋狝，是其祖上家法，除了以它作为维持与蒙古王公联系的一种形式，还认为这种做法可以使八旗兵将练武习劳，但八旗兵的日趋腐化已是不可否认的事实，仍然以围猎来锻炼八旗兵将，究竟有多大效果？可是嘉庆帝对此却恪遵不替，在其六十一岁的嘉庆二十五年（1820）秋天，仍然带领着满族王公大臣及八旗兵将们开赴承德围场行猎，围猎尚未开始，便病逝于承德避暑山庄。皇次子绵宁按照嘉庆帝生前密立之旨，被立为皇太子，继皇帝位，是为道光帝。嘉庆帝在位二十五年，可以说是孜孜图治，作了种种努力，但起色不大，他留给绵宁的，仍是继续衰败的大清王朝。

嘉庆皇帝事典

年 表（1796—1821）

辞条解释（515条）

公元	年号	大事记
1796	嘉庆元年	正月初一日，**皇太子**颙琰继皇帝位，是为嘉庆皇帝。其父乾隆帝以**内禅**方式授位，自为**太上皇帝**。以此年为**嘉庆**元年。此年始，铸**嘉庆通宝制钱**。
1796	嘉庆元年	正月初一日，颁诏全国，宣布传位诏书。

皇太子　皇帝在位时选择的未来皇位继承人，或称“皇储”，又有“国本”之称。俗语国不可一日无君，立了皇太子，便可于在位之皇帝发生不测时，立即由皇太子继为皇帝，防止因争皇位等导致的国家政乱，使国家的根本稳固不动。皇太子俗称太子，又有东宫、储君、东储等称呼。

内禅　是指将最高名位、权力传让于别人。又称“禅让”。

太上皇帝　俗称“太上皇”。皇帝之父亲的尊称。乾隆皇帝曾说，他坐皇帝位不超过其祖父康熙帝的六十一年，所以在乾隆六十年结束后，即将皇位传给皇太子，而当上太上皇。但仍以训政的名义处理国政，直至嘉庆四年（1799）其死去。

嘉庆　皇太子永琰（后改为颙琰）继皇位后所用年号，共二十五年，由公元1796年至1820年。本书又按后世之习称，将当时的皇帝称为嘉庆帝。

嘉庆通宝　清朝定嘉庆年号后所铸造的铜钱之名称。钱的正面汉文即“嘉庆通宝”四字，另一面以满文标出铸钱局的名称。

制钱　明清两代由官局铸造之铜钱，因为由政府规定钱的统一制式，如钱上的文字及其形式、钱的重量、含铜之比例，并严禁私

1796	嘉庆元年	正月初四日，以太上皇帝命，册封嘉庆帝之皇后、贵妃、妃、嫔。
1796	嘉庆元年	正月初四日，于皇宫中举行**千叟宴**。
1796	嘉庆元年	正月，征苗民起事之清兵统帅**福康安**于湖南奏捷。

铸，故称制钱。以此区别前代的旧钱和私铸之铜钱。

千叟宴　由皇帝举行的敬老庆宴礼仪。官方规定参加者的老人年龄（一般为七十岁以上或六十岁以上），布告全国。届时，在宫苑大摆宴席，皇帝亲自主持，宴请官民耆老，并安排敬老仪式及娱乐、赏赐等活动。康熙五十二年（1713）举行的千叟宴，与宴的官民耆老来自全国各地，共四千多人。乾隆帝举行过两次，参加者大部分是京师和附近的老人。嘉庆元年正月初四日（1796年2月12日），太上皇乾隆帝举行的这次千叟宴，地点在皇宫中的皇极殿，参加者有六十岁以上的宗室王公、蒙古王公、官员（包括退休者），七十岁以上的兵民，以及外国贡使等，共三千多人。宴席上，刚刚继位的嘉庆帝为八十六岁的皇父太上皇敬酒、舞蹈。太上皇乾隆帝召王公及一品大臣、九十岁以上的老民至御案前赐酒，诸皇子、皇孙、皇曾孙、皇玄孙为殿内外的王公官员敬酒，与宴者还赋诗庆祝。千叟宴既是皇帝宣传其敬老而举行的活动，也是为了渲染王朝的盛世昌隆与人瑞。

福康安（1754—1796）　镶黄满洲旗人，富察氏。乾隆帝孝贤皇后之娘家侄子，以世职授侍卫，后迭任八旗副都统、都统及云

1796	嘉庆元年	正月，**白莲教**教军于湖北**枝江**、**宜都**等地起事反清。
1796	嘉庆元年	二月初，清军与白莲教军激战，均伤亡甚重。
1796	嘉庆元年	二月初四日，举行**经筵**。

贵、闽浙、两广等地总督等职，曾统兵入台湾平林爽文起义，率兵进藏反击廓尔喀，奏定管理西藏的“善后章程”。乾隆六十年（1795），又带兵镇压贵州、湖南起义之苗民，封贝子爵，嘉庆元年（1796），卒于军中，被追封为郡王。

白莲教 宋元以后的民间秘密宗教组织，至明代衍化为多种称呼的分支流派，清代尤为兴盛，遍及各省，多达数十派，影响较大的有罗教、八卦教、清茶门教、在理教、天理教、弘阳教、收元教等。信教者主要是下层贫穷百姓，包括农民、工匠、小商小贩、水手、脚夫、自由职业者、矿工、店员、盐民等等。该教多以“无生老母”为最高崇拜者，崇信弥勒佛是受无生老母差遣而普救众生的使者，其下还有众多的神灵辅助。其教义适应了贫苦大众摆脱现实苦难的希望和要求，他们又切身感到各级官吏对他们欺压盘剥所造成的苦楚，因而摆脱这种苦难的要求很自然地发展为反政府活动，嘉庆初年的湖北、四川、陕西等省的白莲教大起义，重要原因就是“官逼民反”，三省教众起义此伏彼起，历时十年，才被镇压下去。

枝江 湖北省所辖县，隶荆州府，在湖北省南部，今仍名枝江县。

1796	嘉庆元年	二月十三日，嘉庆帝**御门听政**。自此常行。
1796	嘉庆元年	二月十五日，白莲教军攻克**当阳县**城。
1796	嘉庆元年	二月十六日，福康安奏请，调四川、云南、

宜都 湖北省所辖县，隶荆州府，在湖北省南部，与枝江县相邻。

经筵 为皇帝讲解经史，提高其理政才能而举行的典仪性活动，实行于宋代以后。由精通儒学之臣充任讲官向皇帝进讲，皇帝也发表议论，一般均在春、秋两季举行。

御门听政 清代皇帝与众官员共同处理政务的一种形式，参加者主要是内阁大学士和中央各部院官员。届时，官员向皇帝面奏政务，各官发表意见，最后由皇帝裁决。以前未处理的公文，也在这一场合共同商议裁决。因举行的场合主要是在皇宫中的乾清门之前，故名。

当阳县 湖北省荆门州所辖县，在该省中部，与荆州府枝江县交界，在枝江县之北。今仍称当阳县。

总督 清代省级最高长官，其行政范围为一省、两省或三省，管一省者有直隶总督、四川总督，管两省者有：湖广总督，辖湖北、湖南两省；两广总督，辖广东、广西两省；云贵总督，管云南、贵州两省，等等。辖三省者，如两江总督，管江苏、安徽、江西三省。总督的官品或为从一品，或为正二品。职掌上，总督综理该管省的军民要政。另外，总管漕运或治河的最高专职官，又分别称为漕运总督、河道总督。

毕沅（1730—1797） 字纕蘅，

		广西、广东兵两万人，助剿湖南起事之苗民。
1796	嘉庆元年	二月十七日，清廷严令湖广**总督毕沅**、湖北**巡抚惠龄**大力攻剿白莲教军。

号秋帆，自号灵岩山人。江苏镇洋（今太仓）人。乾隆二十五年（1760）状元，授翰林院修撰。乾隆三十二年后，出任地方官，累居陕西、河南、山东、湖广诸省巡抚、总督等显职。嘉庆元年（1796），因镇压白莲教有功，受封二等轻车都尉世职。次年，殁于军中。毕沅虽仕途显赫，却以其学术建树及奖掖青年学者而名扬后世。他于经史、文字、金石、地理诸学都有涉猎；尤喜著书，曾多方延请学者名士，置于幕下，代己立言或研讨编撰。主持编撰了《续资治通鉴》与《史籍考》；又得卢文弨、孙星衍等人帮助，校勘古籍十余种，收入《经训堂丛书》。毕沅还是清代研究古代瓦当刻图的最早学者之一，撰有《秦汉瓦当图》。其个人作品还有《灵岩山人诗集》等。

巡抚 清代各省长官，一省一人，也有个别省仅设总督而无巡抚，如直隶、四川。巡抚为正二品或从二品官，总掌各该省各种事务，与辖该省之总督在职掌上多有重复，地位略低于总督，因而有矛盾之处。有的省份只设巡抚而无总督之辖，如山东、河南两省。总督、巡抚两官缘于明代，当时是中央派往地方的临时性官员，所以都带有中央之兵部、都察院的官衔，经管辖区也不固定，至清代成为省级固定长官。清初，其辖区及设官仍不断

1796	嘉庆元年	二月二十一日，宜都白莲教军受围攻，首领**聂傑人**投降。
1796	嘉庆元年	二月二十一日，调河南、陕西兵共二千名剿枝江、宜都白莲教军。
1796	嘉庆元年	二月二十一日，以新皇帝登基，**赐耆年顶戴**。

变化，乾隆中期以后基本固定，此后只是个别省区及其总督巡抚设官的增设与调整。

惠龄（？－1804） 字椿亭，正白蒙古旗人。乾隆二十六年（1761），补户部笔帖式。此后相继任军机章京，西宁办事大臣，工部、礼部侍郎，湖北巡抚等职。五十六年，升四川总督。反击廓尔喀入侵一役中，入藏督办清军粮运。嘉庆元年（1796），以湖北巡抚职率军专剿枝江、宜都白莲教军，俘获教首张正谟等人。不久，代永保总领诸军。次年，以功升理藩院尚书兼镶白蒙古旗都统。旋以剿敌迟缓降职。后复统兵攻白莲教军罗其清、冉文涛等部。六年，升陕甘总督。九年，病故。

聂傑人（1729－1796） 湖北荆州宜都人。田地甚多，号称首富。乾隆六十年（1795），以张宗文为师，加入白莲教。嘉庆元年（1796）正月，因不堪地方官屡索财物，遂与张正谟等在宜都起事。初据守灌脑湾以抗清军，旋与清军战于凤凰山。同年二月，畏惧出降，逮京处死。

赐耆年顶戴 清代官方的敬老举措，给平民中的老人以官品之冠服顶戴以荣其身。此次嘉庆皇帝登基，为表示其敬老之德，恩赐

1796	嘉庆元年	二月二十六日，福建**水师提督**兼台湾**总兵**哈当阿奏，拿获淡水天地会施兰等人，处死。
1796	嘉庆元年	二月二十七日，湖北**来凤县**白莲教军起事，攻陷来凤县城。
1796	嘉庆元年	二月二十九日，湖北**南漳**、**保康**白莲教军起事。

老人，七十岁以上者，给九品顶戴，八十岁以上者赐八品顶戴，九十岁以上者赐七品顶戴，百岁以上老人，给六品顶戴。顶戴也作顶带，为官帽帽顶装饰，除红缨外，中央以宝石、珊瑚、金、铜等饰件为分别品级标志。

水师　清代在沿海、沿江河之处所设置的军队，以战船水兵组成水师营，以汉人为主。也有个别地方由八旗满洲、蒙古旗人组成，如天津水师营。

提督　清代各省所设汉人之绿营兵的最高武官，从一品。又受该省长官总督、巡抚之节制。提督有自己直辖的绿营兵，称为“提标”。沿江沿海地区的水师营，则设水师提督。

总兵　提督之下的绿营兵武官，正二品。清代每省的绿营兵分设数镇，每镇置总兵一名，其直辖的绿营兵称为“镇标”，总兵统领其镇标之兵，镇守本镇所辖地区。

来凤县　湖北省所辖县，隶施南府，位于湖北省西南端，与湖南省、四川省邻接。今仍名来凤县。

南漳　湖北省所辖县，隶襄阳府，位于湖北省北部，其县治在府治襄阳西南七十里处。今仍名南漳县。

1796	嘉庆元年	二月，湖北**宜昌府**白莲教军起事。
1796	嘉庆元年	三月初四日，命署四川总督**孙士毅**发还征**廓尔喀**时向百姓所收之银。
1796	嘉庆元年	三月十六日，**西安将军恒瑞**率陕西清军收复

保康　湖北省所辖县，隶郧阳府，而与南漳县相邻，在南漳以西。今仍名保康县。

宜昌府　湖北省所辖府，在该省西南部，下辖东湖、归州、长阳、长乐、兴山、巴东、鹤峰等州县。府治宜昌，今为湖北省宜昌市。

孙士毅（1720—1796）　字智治，号补山。浙江仁和（今杭州）人。乾隆二十六年（1761）进士，授内阁中书。累迁至两广总督。五十三年，清廷对安南（今越南）用兵，孙氏率主力入安南境，复立黎维祁为安南国王。因轻敌败回，被削去总督之职。五十七年，授四川总督，经理入藏军粮。廓尔喀之乱平定后，功拜文渊阁大学士。六十年，参与平定川鄂边白莲教起事。嘉庆元年（1796）五月，在湖北来凤大败教军，晋封三等男爵。六月，染病，卒于军中。被追封公爵。孙氏为官精明干练，生活俭朴，但曾长期阿附权臣和珅。有《百一山房诗集》存世。

廓尔喀　清朝之邻国，乾隆以后又成清朝之藩属国，每五年向清廷朝贡一次。即今尼泊尔国，与西藏自治区接壤。

西安将军　清廷设置于西安城的八旗驻防兵的长官。西安是满族为主体统治的清廷重点设防的军事重镇，派驻八旗兵六千多人，其西安将军由满族旗人充任，从一品。

		湖北**竹山县**。
1796	嘉庆元年	三月二十六日，嘉庆帝派头等**侍卫**、**舒亮**、**鄂辉**等赴湖北协助剿白莲教军。

恒瑞（1744－1801）　正白满洲旗人，爱新觉罗氏。吉林将军萨喇善之子。初由闲散宗室授三等侍卫。后几经升迁，官至福建将军。乾隆五十二年（1787），以参赞一职率兵赴台湾镇压林爽文起义。旋因临阵畏敌不前，被解职遣戍伊犁。寻授副都统衔，任伊犁参赞大臣。后调任西安将军。嘉庆元年（1796），率驻防兵参与镇压白莲教起义，转战川、楚、陕等地，历时五载。五年，回镇西安。次年，以老病卒于任上。

竹山县　湖北省所辖县，隶郧阳府，位于湖北省西北部。今仍名竹山县。

侍卫　清代保卫皇帝及皇宫禁地之武士的称谓，或宿值皇宫、圆明园、行宫，或侍从皇帝身边，皇帝出行则扈从前后。分为一等侍卫，正三品；二等侍卫，正四品；三等侍卫，正五品；及蓝翎侍卫，五、六品。主要由皇帝亲统的上三旗——镶黄旗、正黄旗、正白旗选拔，由下五旗或汉人选拔者，也归入上三旗侍卫中列班。侍卫按职任又分为御前侍卫、乾清门侍卫、大门上（午门）侍卫等。侍卫中还有从蒙古王公勋戚子弟中选任者，一般不称侍卫，而称为御前行走、乾清门行走等。

舒亮（？－1798）　正白满洲旗人，苏佳氏。乾隆中以从征金川有功，累迁为镶黄旗满洲副都

1796	嘉庆元年	三月，湖北**襄阳**一带白莲教徒起事，推举**王聪儿**为首领。
1796	嘉庆元年	四月初一日，清军为剿灭白莲教军作全面部署。
1796	嘉庆元年	四月初二日，**姚之富**、王聪儿率白莲教军

统、护军统领。曾先后于乾隆四十六年（1781）、五十二年参与镇压西北回民及台湾林爽文起义，升荆州将军，后调黑龙江将军。六十年，因私卖貂皮革职。嘉庆元年（1796），值川楚白莲教大举起事，奉命以二等侍卫衔赴军中效力，以功升镶黄汉军旗副都统。三年，因作战不力而削职，作为兵丁留营效力赎罪。寻卒于军中。

鄂辉（？—1798）　正白满洲旗人，碧鲁氏。乾隆中，起自前锋校，历任建昌镇总兵、云南提督、成都将军诸职。并先后于乾隆五十二年（1787）和五十三年，参与平定台湾林爽文起义和反击廓尔喀入侵，升四川总督。五十六年，廓尔喀再次入侵。追论其办事不善，革职回京。嘉庆元年（1796），以侍卫衔赴湖北参与平定白莲教起事，屡建功勋。次年，晋封三等男爵，升云贵总督。三年六月，卒于任上。

襄阳　湖北省府、县、城之称谓。襄阳府在湖北省北部，下辖襄阳、宜城、南漳、枣阳、谷城、兴化等六县及均州一州，府治在襄阳城。襄阳县为襄阳府首县，其县治也在襄阳城。襄阳城今为襄樊市。襄阳教军主要指襄阳县一带起义的白莲教教众。

王聪儿（1777—1798）　湖北襄阳人。又称齐王氏，襄阳白莲教首领齐林之妻，齐林遇害后，她被推为“总教师”。嘉庆元年

		攻**樊城**。
1796	嘉庆元年	四月初八日，鄂辉请调吉林**索伦兵**助战。
1796	嘉庆元年	四月，取中赵文楷等一百四十四人为进士。

（1796），与姚之富、王廷诏等率领教徒在襄阳黄龙垱起事，焚烧吕堰驿，进攻樊城，直逼河南。后转战鄂陕豫各地。次年，先于陕西镇安表里铺击毙清护军统领阿尔萨瑚，后在王家坪设伏，重创清军。七月，率军入川，与四川教军会师东乡（今宣汉），确立建制，被推为襄阳黄号首领。三年，率主力巧渡汉水，重返湖北。后为清军追至，围于绝地，跳崖殉难。

姚之富（1737－1798）　湖北襄阳人。白莲教首齐林之表弟。初从齐林习教，后与子姚文学传教于鄂西北山区。嘉庆元年（1796），与王聪儿、王廷诏等于襄阳黄龙垱起义，后率襄阳教军主力转战川楚陕豫各地。次年七月，率部与各路教军会师于四川东乡（今宣汉），参与建制，与王聪儿同被推为襄阳黄号首领。三年，率军自陕返楚。途中遭明亮、德楞泰所部清军包围，战至最后，跳崖殉难。

樊城　襄阳城北部的城镇，与襄阳城相距甚近。

索伦兵　索伦，是清代对东北黑龙江上游、中游一带各少数民族的笼统性称谓，包括达斡尔、鄂温克、鄂伦春等民族，清入关前归附清廷，清入关后统辖于布特哈（打牲、渔猎之义）总管及黑龙江将军。这些民族之人勇悍善战，清中期以后常被清廷抽调兵丁，参加各次战役，这部分兵即

1796	嘉庆元年	五月初二日，孙士毅击败来凤教军。
1796	嘉庆元年	五月初四日，令**未出痘**之**察哈尔**、**额鲁特**引见人员由**科布多**、**乌里雅苏台**等处赴热河，不必进京。

称索伦兵。

未出痘 痘，指天花，又称痘疮，一种流传猛烈、死亡率颇高的传染病，尤其在冬春两季，是这种病的流传高发季节。清代的北京，天花的流传非常厉害，边区少数民族之人到京，极易感染。由于这种病得过一次痊愈后便获终身免疫力，所以清朝规定，边疆民族之人朝觐皇帝，凡得过此病即出过痘者，每年年底可到北京见皇帝，称为年班。未出痘者，须至秋季，皇帝到热河围猎之时觐见，另安排班次，而称为“围班”。这出痘与未出痘，成为边区少数民族之人能否到北京，以及决定其何时何地到中央办事、觐见皇帝的重要考虑因素，并形成相关制度。

察哈尔 即察哈尔蒙古，明朝末年，曾是蒙古中的强盛部落，又是蒙古诸部之宗主部落，后被满族后金政权击溃，残余部众被安置于义州（今辽宁省义县）一带。康熙年间反清，平定后，余众编为八旗，迁至归化城（今呼和浩特市）以东、张家口以北。乾隆年间，又将其中一部分人西迁至新疆驻守。

额鲁特 或作厄鲁特，明朝时又称卫拉特、瓦喇，是驻牧于漠西、天山以北的蒙古部落称谓。额鲁特蒙古又分四部，为准噶尔部、杜尔伯特部、和硕特部、土尔扈特部。明朝末年，土尔扈特部迁至俄罗斯境。和硕特部大部

1796	嘉庆元年	五月初五日，湖北**孝感**白莲教起事，往剿之清军中伏，全军覆没。
1796	嘉庆元年	五月十二日，湖南苗民起义首领**石三保**被清军诱获。

分迁至青海。准噶尔部最强盛，与清廷多次交战，乾隆年间被消灭，其余部及杜尔伯特部、由俄罗斯回归之土尔扈特部，由清廷分散安置于漠西、漠南、漠北各处。

科布多 地处清代漠北蒙古的西北部，阿尔泰山南北附近地区。清廷在该地区安置乌梁海几旗及额鲁特蒙古几个部旗，设科布多参赞大臣管理，驻科布多城（今蒙古科布多城），该城亦名科布多。现在这一地区分属蒙古、俄罗斯、哈萨克斯坦及中国的新疆省。

乌里雅苏台 清朝设于漠北蒙古的军事、政治重镇，置定边左副将军即乌里雅苏台将军及乌里雅苏台参赞大臣，统理漠北军政事务，驻乌里雅苏台城，该城现为蒙古乌里雅苏台市。

热河 本为河名，在今河北省承德一带，因有温泉，故名。康熙年间在该地建行宫，名避暑山庄。雍正元年（1723），置热河厅（治所在今承德市），乾隆四十三年（1778），改置为承德府，辖五县一州。后来仍习称该地为热河。

孝感 湖北省所辖县，隶汉阳府，地处该省东部。现仍名孝感。

石三保（1747－1796） 湖北永绥（今花垣）人，苗族。出身农民。原为永绥厅黄瓜寨寨长。乾隆六十年（1795），邀石柳邓、吴八月等密谋反清。事

1796	嘉庆元年	五月十八日，嘉庆帝侍太上皇赴热河驻**避暑山庄**。
1796	嘉庆元年	五月二十六日，惠龄等击败枝江白莲教军。
1796	嘉庆元年	五月，福康安病死于湖南剿苗军中，副手**和琳**继其任。

泄，石柳邓提前举义，三保遂在家乡响应。初称“苗王”，后黄瓜寨失守，投奔平陇吴八月，被封为“护国将军”。嘉庆元年（1796）五月，在保靖坳溪被诱擒，解京遇害。

避暑山庄　又名热河行宫、承德离宫，在今河北省承德市区北部。始建于康熙四十二年（1703），乾隆六年（1741）以后陆续扩建，至五十七年基本完成，占地五百六十多万平方公尺，由形似长城的宫墙环绕。内建宫殿、楼阁、亭榭、寺观庙宇等一百多组，并有山林湖泊，成“三十六景”，是清代皇家的大型园林。康熙、乾隆、嘉庆几帝常来此地，夏季于此避暑，即在该地处理政务。秋天，则在以北的围场与八旗王公大臣统八旗兵围猎。届时，还接见各少数民族首领及外国使节等。所以夏秋两季皇帝来此之时，这里又成清廷的另一政治中心。同治以后皇帝不再来此地，山庄亦渐荒废。1994年，山庄及周围寺庙被列入世界文化遗产名录。

和琳（1753—1796）　正红满洲旗人，钮祜禄氏。和珅之弟。乾隆四十二年（1777），由文生员补吏部笔帖式。历任湖广道御史、内阁学士、兵部侍郎等职。五十七年，奉派赴西藏反击廓尔喀入侵，以功迁工部尚书、镶白

1796	嘉庆元年	五月，福建**泉州府**、**漳州府**米价腾贵，每石米售银三两多。
1796	嘉庆元年	六月初九日，毕沅被斥调兵无方，命永保一人统率湖北诸军。
1796	嘉庆元年	六月初十日，修改**大逆缘坐**律法。

汉军旗都统，并受命留藏协助福康安筹划善后事宜。五十九年，迁四川总督。次年，参与镇压贵州苗民起义。嘉庆元年（1796），福康安死后，接掌帅职，主持镇压湘黔苗民军务。同时九月，病殁于军中。追封一等公，配享太庙。和珅被诛后，和琳一切封赏亦被追夺。著有《芸香堂诗集》。

泉州府　福建省所辖府，在该省南部，临海。下辖晋江、南安、同安、惠安、安溪等县及厦门厅、马巷厅（后裁）。府治泉州，今泉州市。

漳州府　福建省所辖府，在该省南部，临海，东北与泉州府相邻。下辖龙溪、漳浦、长泰、南靖、平和、诏安、海澄等县及云霄厅。府治漳州即今漳州市。

大逆缘坐　大逆，是古代重大罪行之一种，指造反及直接侵犯最高统治者利益等行为。这种重罪，不仅判处犯法者本人，而且连及家属如父子兄弟等，称为“缘坐”。清代嘉庆元年（1796）以前，凡受缘坐之家属虽判斩首，但最后都是以监候、免死处理。嘉庆元年六月，修改此条律例，对白莲教起义者之家属缘坐者加重判处，其兄弟，捕获后均判斩立决，立即处斩，不再监候以待复审、缓刑。其父亲，判斩监候，但于牢狱中永远

1796	嘉庆元年	六月十七日，来凤教军重创清孙士毅军。
1796	嘉庆元年	六月二十七日，**明亮**率清兵击败孝感教军。
1796	嘉庆元年	六月，统兵者孙士毅病死军中。
1796	嘉庆元年	六月，**邵晋涵**故世。
1796	嘉庆元年	六月底，黄河于江苏丰汛堡决口。

监禁，遇赦不赦。

明亮（1735—1822） 镶黄满洲旗人。青年时供职銮仪卫。乾隆三十年（1765），诏命前往伊犁军中历练。返回后授吉林副都统。曾参与远征缅甸与平定金川之役，因功封一等襄勇伯。后历任成都将军、黑龙江将军等职。六十年，因属下事获罪免职，命往乌鲁木齐以平民身份效力自赎。嘉庆元年（1796），前往湖南从征苗民，以功复升头等侍卫。不久，接掌平乱大军。次年，平定苗乱，再封二等襄勇伯。随即移师四川征剿白莲教起义。三年，因指挥失误被夺世职，准其带罪自效。同年于湖北剿西歼灭教军主力，遂授副都统衔。四年，一度任经略大臣，旋以贪污罪被弹劾获死罪。被皇帝赦免后，命往湖北军中听差。八年，战事基本平定，明亮以功封男爵世职。次年，升兵部尚书。二十二年，拜为武英殿大学士，后再升三等襄勇侯。道光元年（1821）致仕。明亮为朝廷效力七十余载，因骁勇善战，虽屡经解职，总能再起。身后备享哀荣，谥为“文襄”。

邵晋涵（1743—1796） 浙江

1796	嘉庆元年	七月十五日，命和琳撤苗疆兵二三万援湖北，由永保调度。
1796	嘉庆元年	七月十六日，来凤教军据点被攻破，遭残酷屠杀。
1796	嘉庆元年	七月二十九日，命广东巡抚**吉庆**严行缉查**洋盗**。
1796	嘉庆元年	八月初四日，因热河雨多，停本年**木兰秋狝**。

余姚人。主要生活于乾隆年间，熟于经、史，兼善词章、音韵之学，曾充任《四库全书》纂修官，撰《钦定八旗通志》、《续三通》等书，以及史部诸书提要。又辑录《旧五代史》。其《尔雅正义》，则是训诂学研究之名著。另有《孟子述义》、《南江诗文钞》等著作。

吉庆（？—1802） 正白满洲旗人，皇族觉罗氏。由官学生补内阁中书。乾隆五十年（1785），承袭骑都尉世职。后历任镶白旗副都统，兵部、户部侍郎。五十六年，出为山东巡抚。后调往浙江，兼署提督及盐政，为政廉洁。嘉庆元年（1796），升两广总督。次年，广西苗民变乱，吉庆剿抚并用，迅速平乱，加太子太保。六年，授协办大学士，仍理总督事。七年，因事解职，被鞫审时遭辱，自戕死。

洋盗 又称海盗，清朝官方对那些长年在海上从事谋生活动，时常进行劫掠之人或集团的称谓。

木兰秋狝 木兰，为满语Muran，本义是模仿鹿的叫声吸引鹿而围猎，这里代指围猎之地，即木兰围场，在承德以北，今河北省围场县。秋狝，指秋天

1796	嘉庆元年	八月，黄河于江苏**丰县**决口，淹十四州县，波及山东**济宁州**。
1796	嘉庆元年	八月，枝江、宜都白莲教军被镇压，惨遭屠杀。
1796	嘉庆元年	八月，襄阳教军姚之富、王聪儿部遭重创，北向河南省转移。
1796	嘉庆元年	八月，征苗领兵者和琳因瘴疫病死军中。
1796	嘉庆元年	八月，陕西**安康县**白莲教军三千余人起事。

打猎。清朝皇帝与满族王公大臣、八旗兵于秋天在木兰围场举行大规模的围猎活动，称为木兰秋狝。康熙、乾隆、嘉庆三朝大约共进行过一百余次这一活动，届时，蒙古王公也带人参加，并举行各种仪式活动。它是清朝皇帝训练八旗兵及与蒙古王公保持联系的重要形式，因参加人员较多，多时达二三万人，每次一般在十几天，且仪式隆重，故又称秋狝大典。

丰县　江苏省所辖县，在该省西北端，隶徐州府。今仍名丰县。

济宁州　属山东省，为府级直隶州，在该省南部，邻接江苏省。州治所在济宁（今山东省济宁市）。辖嘉祥、金乡、鱼台三县，其中鱼台县与江苏省丰县相邻。

安康县　陕西省所辖县，在该省南部，所隶兴安府与湖北、四川两省交界。

徐天德（？—1801）　四川达州（今达县）人。出身农民。曾任本州岛衙役，因事被革，始习白莲教。嘉庆元年（1796），与其

1796	嘉庆元年	九月初三日，嘉庆帝与太上皇由热河起驾还京。
1796	嘉庆元年	九月，清军堵截将进入河南之襄阳教军。
1796	嘉庆元年	九月，四川达州地区白莲教首**徐天德**等发动反清。东乡白莲教首**王三槐**等率众起义。
1796	嘉庆元年	十月初三日，以近年各省**小钱**充斥，命各省督抚如式鼓铸，并严查私铸者及钱贩子。
1796	嘉庆元年	十月初五日，令在湖北之四川总督**福宁**、**成都将军观成**速回四川剿白莲教军。

弟天寿及王廷登等举义，旬日间聚众万余。初驻屯麻柳场，夜袭娘娘庙，扫荡达州、东乡、太平、新宁等地；后率众入陕，于老营湾一役，击毙重庆总兵袁国璜、陕西兴安总兵何元卿及以下诸官，获全胜。次年，与湖北襄阳教军会师东乡（今四川宣汉），被推为达州青号首领。后率部转战川楚陕各地，所部成为川省教军主力。六年，在陕西西乡两河口因舟覆溺水而亡。

王三槐（1764－1799） 四川东乡（今宣汉）人。素习巫术，以为人禳灾治病度日。乾隆五十七年（1792），入白莲教。嘉庆元年（1796），与冷天禄、张子聪等率七百余人在东乡举义。次年，与其他各路教军会师东乡，确立建制，被推为东乡白号首领。后转战四川各地。三年，被南充知县刘清诱降，为清军统帅勒保捕获，后解京遇害。

小钱 指重量、含铜量低于制钱的铜钱，这种小钱主要是民间私铸之钱。

1796	嘉庆元年	十月初七日，授**董诰**为大学士。
1796	嘉庆元年	十月初七日，大学士**王杰**以足疾辞**南书房**、

福宁（？—1814） 姓伊尔根觉罗氏。初隶贝子永固包衣。乾隆三十三年（1768），由兵部笔帖式累迁至甘肃平庆道。后历任山西布政使、湖北巡抚。五十五年，抬入镶蓝旗满洲。后调往山东，治运河务，措施得宜。五十九年，升湖广总督，参与镇压白莲教起义。嘉庆元年（1796），诱杀降众两千余人，以临阵歼敌上奏，加太子少保。三年，以剿敌不力，延误战机，被夺职，并罚银四万两充军饷。后以副都统衔专治四川军需。四年，因理饷含混，遣戍伊犁。次年，授三等侍卫赴藏办事。九年，还京，授正白蒙古旗都统。两年后致仕。十九年，追论其驻藏时擅借库帑及于湖广任内滥用军需，久不归还，下狱。不久死去。

成都将军 统领驻防于四川成都的八旗兵的最高长官，设于乾隆四十一年（1776），此前的统领长官为成都副都统。均以旗人充任。

观成 镶白满洲旗人，富察氏。乾隆二十七年（1762）起，先后从征乌什、缅甸、大小金川。自先锋校起，历任副参领、副将、总兵、提督。五十五年，自请留京，授蒙古副都统。后出任成都将军。六十年，参与镇压川黔苗民起义，俘获苗首吴半生，晋封太子少保。后因久攻老木园不下，被革职，命统兵自效。不久，授西安副都统兼署西安将军。嘉庆五年（1800），因病解职。

董诰（1740—1818） 浙江富阳人。乾隆二十八年（1763）进士，官编修一职。三十六年，

		军机处等事务。
1796	嘉庆元年	十月二十五日，抚恤日本国遭风灾难民。

入值南书房。曾历任工、户、吏、刑四部侍郎并监修《四库全书荟要》及《满洲源流考》。四十四年，任命为军机大臣。五十二年，升户部尚书。嘉庆元年（1796），拜为东阁大学士，命总理礼部及兼管户部事。因与权臣和珅多有不和，为母服丧后返京长期不得起用。四年，和珅被诛，嘉庆帝即命其复职并晋太子太保衔。此后，曾掌国史馆，负责《高宗实录》纂修并参与编选《全唐文》。十四年，充上书房总师傅，加太子太师衔。二十三年，因病致仕。数月后卒于家。董诰历仕乾隆、嘉庆两朝四十余载，与和珅相抗，以忠诚、机敏、睿智著称于世，深受恩遇。董氏又善书画，乾隆、嘉庆两帝欣赏其作，多次为之题款，其画大多藏于内府，录入《石渠宝籍续编》。

王杰（1725—1805） 字伟人，号惺园，晚号葆醇。陕西韩城人。乾隆二十六年（1761）状元，授翰林院修撰。三十六年，入值南书房。后历任内阁学士，工、刑、礼、吏四部侍郎，兵部尚书。并充四库馆、三通馆副总裁。五十一年，命为军机大臣、上书房总师傅。次年，拜为东阁大学士，并兼管礼部事宜，曾多次主持会试。嘉庆四年（1799），任实录馆总裁。次年，称病致仕。三年后辞世，追赠太子太师，入祀贤良祠。王杰持守刚正，历事乾隆、嘉庆两朝，以忠直知名，虽与和珅同列，然终不附。有《葆醇阁集》、《惺园易说》行于世。

南书房 在皇宫中乾清门内西

1796	嘉庆元年	十月，赠征苗阵亡提督**花连布太子少保**，予**世职**。
1796	嘉庆元年	十一月十八日，为防止四川教军入陕西，命陕西巡抚**秦承恩**堵击。

侧，初为康熙皇帝读书之所。后来选派精熟于文学、经史或书法的饱学之士入值，以便随时陪康熙皇帝讲习文史、写作诗词，同时备政事咨询，代拟谕旨。雍正以后，入值南书房者主要是充当皇帝的文学侍从，不预政事，多由翰林等入值。

军机处 在皇宫中乾清门外西侧，隆宗门内。设于雍正年间，具体时间有雍正七年（1729）、八年等不同说法。开始只是为办理机密军务而设，故名军机处，而且是临时性机构，后来职掌不断扩大，凡事关机要的军事、政治事务无不掌理，成为清廷最重要的中枢机构，但仍以军机处称之。该机构带有非正规性，无官缺编制，入值的军机大臣、军机章京均为其他衙门的官员兼职，其选用完全由皇帝钦定，职掌也由皇帝交办，类似协助皇帝办理机要政务的秘书班子，其设立，使清朝的皇权专制极端发展。以前的最高机构内阁反在其次。清末实行宪政，成立责任内阁，军机处才于宣统三年（1911）裁撤，其时清朝也已接近灭亡。

花连布（？—1796） 镶黄蒙古旗人，额尔德特氏。初为健锐营前锋，累迁至贵州安笼镇总兵。乾隆六十年（1795），随福康安征剿贵州苗民变乱，因骁勇善战，获巴图鲁称号，并以功授贵州提督。嘉庆元年（1796），在进攻清溪夏家冲战役中，中掷石

1796	嘉庆元年	十一月十九日，改**军营逃兵投首例**。
1796	嘉庆元年	十一月二十日，四川达州、东乡教军与清军激战，经三日，清军伤亡惨重。

坠深涧而死。身后赐骑都尉兼云骑尉世职，恩加太子少保，谥为“壮节”。

太子少保 本为教育辅导皇太子的职官，同类职官还有太子太师、太子太傅、太子太保、太子少师、太子少傅。清代只是作为高级官员的等级性荣誉加衔。

世职 世代承袭的爵位性职衔，享受等级身份、经济待遇等方面的世袭性特权。如皇族中的镇国将军、辅国将军、奉国将军、奉恩将军。异姓功臣所封的轻车都尉、尉都尉、云骑尉、恩骑尉等等。

秦承恩（？—1809） 字芝轩。江苏江宁（今南京）人。乾隆二十六年（1761）进士，授翰林院编修。历任侍讲学士、直隶布政使等职。五十四年，升陕西巡抚。嘉庆元年（1796），值川楚白莲教起事，率兵参与镇压。因不谙军事，致使乱事蔓延豫、陕。四年，以师久无功，玩误军机，被夺职逮京。后遣戍伊犁。七年，释回。复起用为主事，参与纂修《会典》。后补授江西巡抚。十一年，授工部尚书，旋调刑部，署理直隶总督。十三年，因审理宗室敏学一案中徇私而贬官。次年，病故。

军营逃兵投首例 对军营中逃走又投回之兵的处罚条例。嘉庆元年（1796）以前，凡遇战事，其逃兵在战事未结束以前又投回者，发乌鲁木齐等处为奴。嘉庆

1796	嘉庆元年	十一月二十四日，皇次子**绵宁**与**布彦达赉女钮祜禄氏**成婚。
1796	嘉庆元年	十一月二十六日，陕西紫阳县教军与清军激战，历经七天，被消灭。
1796	嘉庆元年	十一月二十九日，以总统湖北诸军之永保剿

元年十一月改定，此后遇这种情况，一律永远监禁。这是当时为严军纪而制定的措施。

绵宁（1782－1850） 嘉庆帝次子，嫡出，乃皇后喜塔腊氏所生。十岁（虚岁）那年随从木兰行围，曾射中一鹿，其祖父乾隆帝大为激赏，赐其黄马褂、花翎。嘉庆元年（1796），其十五岁时，奉皇父之命与布彦达赉之女钮祜禄氏成婚。嘉庆四年，被秘密立为皇太子。嘉庆十八年，天理教攻入北京城皇宫，时在皇宫中读书的绵宁以鸟枪击毙两人，事后，被封为智亲王。二十五年，嘉庆帝去世，绵宁继皇帝位，此后改名旻宁。

布彦达赉女钮祜禄氏 布彦达赉，八旗满洲旗人，姓钮祜禄氏，其女于嘉庆元年（1796）被指嫁与皇次子绵宁，封为嫡福晋（即嫡妃），她是绵宁、亦即道光帝的第一个正室之妻，嘉庆十三年卒。绵宁继皇帝位后，追封她为皇后，史称孝穆成皇后。

石柳邓（？－1797） 贵州松桃人，苗族。本为大塘汛大寨营百户。乾隆六十年（1795），因不满于满、汉地主盘剥，遂与吴八月、石三保等苗族头人共谋起义。事泄，在家乡提前起事，正式举起“统兵元帅”大旗，攻占大塘、长行铺等清军据点，屡败清军。川黔边界苗民纷纷响应。

		教军不力，逮京治罪。命惠龄代统军务。
1797	嘉庆元年	十二月初六日，湖南苗军与清军激战，首领**石柳邓**阵亡，该地大规模苗民起义被彻底镇压，清领兵者明亮、**额勒登保**、**德楞泰**等封爵受赏。

同年八月，于湖南乾州（今吉首）平陇寨创建统一领导机构，被封为“开国将军”。次年，苗王吴八月遇害后，辅佐其子吴廷礼、吴廷义继续反清。后被围平陇，以弱捍强，坚守三个月后阵亡。

额勒登保（1748—1805） 正黄满洲旗人。青年从军，以从征缅甸、金川有功，赏巴图鲁称号。后参与乾隆五十二年（1787）平定台湾动乱、五十六年反击廓尔喀之役，晋升都统。六十年，奉命助福康安平定川、湘、黔边界苗民起义。嘉庆二年（1797），苗乱既平，额勒登保以首功赐封威勇侯。随后，移师湖北参与镇压白莲教起义。三年，诏斥其纵敌、作战旷日持久而革去爵位，以副都统衔派赴陕西。四年春，取代勒保为川、陕、甘、豫、鄂五省经略，大力推行坚壁清野、武装寨堡等策略。至八年初，教军主力被歼。额勒登保因能与士兵同甘苦以及军功最著，晋封一等侯。十年，返京总理行营，加恩晋封公爵。同年八月病故，年仅五十八岁。为褒其功，嘉庆帝御制长诗一章，并于紫禁城地安门外建专祠奉祀。

德楞泰（1745—1809） 正黄蒙古旗人。作战骁勇，从士卒迅速崛起。乾隆五十二年（1787），参与平定台湾动乱，升任参将，赐巴图鲁称号。五十七年，从福

1797	嘉庆元年	十二月初十日，命河南省增兵堵截白莲教军。
1796	嘉庆元年	是年，清廷停征**鸦片**税，禁外国鸦片进口，禁国内栽种**罂粟**。
1796	嘉庆元年	是年，武术名家**董海川**诞生。
1797	嘉庆二年	正月初四日，命明亮、额勒登保、德楞泰领兵分赴四川、湖北镇压白莲教军。

康安征廓尔喀，加赐副都统衔。六十年，派赴湖南，与额勒登保同为先锋，镇压湘黔苗民起义。嘉庆二年（1797），苗乱既平，封二等子爵。不久，随明亮进军四川镇压白莲教起义。四年初，奉诏专剿以徐天德为首的最强的一股教军，迫使教军逃离四川。旋又擒获另一教军首领高均德，晋封二等男爵。五年，于马蹄岗一役，五日内血战四场，转败为胜，授成都将军。六年，追击教军进入陕西，击溃徐天德部，徐投水而死。八年，歼敌主力后，回镇成都。十年，入京任领侍卫内大臣。次年，任钦差大臣前往陕西镇抚哗变士兵，因对哗变士兵过于宽容而受到严厉斥责，并降为西安将军。三年后病故，入祀京师昭忠祠，并于成都建立专祠以祀之。

鸦片 又名“阿片”，由罂粟中提取的一种物质，俗称“大烟”，或径称为“烟”。可入药，药用鸦片为粉末状，主要成份是吗啡，有镇痛、止泻、止咳等作用，但易于上瘾，所以吸鸦片者上瘾后经常吸食。英国商人便利用这点向中国大量运销，以赚取中国白银。清政府查禁鸦片

1797	嘉庆二年	正月初九日，谕两广总督吉庆，若查获洋面之安南盗匪，当即正法，不必解京。
1797	嘉庆二年	正月二十六日，因贵州苗民**王囊仙**率众起事，命总督勒保进剿。
1797	嘉庆二年	正月二十九日，调总兵**朱射斗**入四川镇压白莲教军。

输入，又称为“禁烟”。

罂粟　二年生草本植物，原产欧洲。花开后结果，果实中的乳状物干后即为“鸦片”。

董海川（1796－1880）　清代武术名家，以八卦掌出名。直隶文安（今河北省文安县）人。中年在北京的肃亲王府任事，晚年以授徒为业，近代不少八卦掌名家皆出其门下。

王囊仙（1778－1797）　贵州省安南县（今晴隆县）布依族人（清时称苗民），女性，本名阿从（或作阿崇），其“囊仙”乃布依语“仙姑”之义，因行巫治病而得名。于嘉庆二年（1797）与人联合聚众反清，称“皇仙娘娘”，同年九月失败。被俘，解京遇害。

朱射斗（1743－1800）　字文光，号辉亭。贵州贵筑（今贵阳）人。以士卒先后从征缅甸、大小金川，因沉稳果决，临阵敢战，为将军阿桂赏识提拔。至乾隆五十年（1785），累迁为湖南镇筸镇总兵。六十年，参与平定湘黔苗民起义。嘉庆元年（1796），连克苗寨，击杀苗首石柳邓，获赐巴图鲁称号。二年，回师川北镇，会剿白莲教。因作战奋勇而

1797	嘉庆二年	二月初七日，皇后喜塔腊氏病逝。
1797	嘉庆二年	三月十五日，将湖南投诚入伍之三万苗兵暂留一万名，其余裁掉，令其耕作。
1797	嘉庆二年	三月十九日，由湖南增兵贵州，镇压苗民起义。
1797	嘉庆二年	三月二十三日，以**刘墉**为大学士。
1797	嘉庆二年	三月二十三日，教军**张汉潮**部被清军包围，伤亡惨重。

有“朱虎”之称。四年，随德楞泰攻破麻坝寨，俘获教首冉文涛。次年，追击教军冉天元部，至四川蓬溪高院场遇围，总督魁伦拥兵不援，朱射斗力战而亡。

刘墉（1720—1805）　山东诸城人，大学士刘统勋子。乾隆朝进士，累任知府、按察使、学政、巡抚及工部、吏部尚书，入值南书房。曾举发徐述夔《一柱楼诗集》有悖逆词句而铸成文字狱。嘉庆二年（1797），擢内阁大学士；四年，加太子少保。于治河、漕运多所建议，皆如所议行。九年卒，年八十五。刘墉工书法，有名于时。

张汉潮（1727—1799）　湖北襄阳人。为白莲教早期传教者，被尊为“老掌柜”。嘉庆元年（1796），率众在襄阳黄龙垱起事。后转战楚陕等地。二年，进入四川，明确提出“兴汉灭满”口号。旋与各路教军会师东乡（今宣汉），参与建制，被推为襄阳蓝号首领。此后一年间，先率军重返湖北，围宜城，攻荆

1797	嘉庆二年	三月二十八日，长阳教军**林之华**部数万人与清军激战，遭重创。
1797	嘉庆二年	三月，襄阳教军大部进入河南省活动。
1797	嘉庆二年	四月初三日，四川教军王三槐、**冷天禄**、徐天德等部与清军激战，双方伤亡惨重，教军军师王学礼被俘。
1797	嘉庆二年	四月初六日，清廷命直隶、山东、河南、江西、湖北、四川、云南、贵州、甘肃诸省挑募新兵，以补充兵力。

门；后挺进陕西，往来驰突，牵制大量清军。四年，设伏终南山，华阳一役，击毙副都统穆克登布以下多名官员，重创清军。十月，于陕西张家坪遇围阵亡。

林之华（？—1797） 湖北长阳人。长阳白莲教首领。嘉庆元年（1796），率教徒于长阳起义。不久，与覃士辉、覃佳耀等部会师，驻扎榔坪，和宜都张正谟部教军相呼应。后统军攻扰长阳，屯驻滋丘。二年，先后据黄柏山、芭叶山之险要，与清军相抗。同年十月，于巫山大茅田中枪阵亡。

冷天禄（？—1799） 四川东乡（今宣汉）人。白莲教早期教徒。嘉庆元年（1796），与王三槐等率众起事，占据丰城。次年，与其他各路教军会师东乡，参与建制，与王三槐同被推为东乡白号首领。后率军转战川北各地，成为川省教军主力。三年，于太平金盆池一役，大败清总兵朱射斗。王三槐被诱擒后，率领东乡白号教军据安乐坪抗拒清

1797	嘉庆二年	四月十八日，清军领兵者宜绵令知县**刘清**携王学礼书信，至教军王三槐营劝降。
1797	嘉庆二年	四月二十七日，谕**军机大臣**等，不可轻易**平粜**，以免商贩屯积居奇。

军。旋率军突围，安全转移。四年，与清军激战于岳池县悦来场城头堰，中箭身亡。

刘清（1742—1827） 字天一。贵州广顺人。初由拔贡生充四库馆誊录。乾隆五十四年（1789），出任四川南充知县，政声为一省之冠。嘉庆元年（1796），值白莲教起义，募乡勇会剿教军。二年，署理东乡知县。三年，诱擒教首王三槐，升忠州知府。后历任四川按察使、山西布政使、山东盐运使诸职。十八年，天理教起事，刘清自请从戎，连败教军，击杀教首朱成良等人，迅速平息教乱。二十一年，特授山东登州镇总兵。二十五年，调往曹州镇。道光二年（1822），以年老致仕。

军机大臣 军机处的长官，由皇帝特选的满汉大学士、尚书、侍郎等兼任，多名，无定员，其首领称“领班军机大臣”，俗称“首枢”。初任军机大臣者，多加学习行走、行走之称。军机大臣的职掌有：协助皇帝撰拟谕旨，并负责将皇帝机密重要谕旨直接发给某官员，称为廷寄、军机大臣字寄；协助皇帝处理官员直接交与皇帝的奏折；随时被皇帝召见，商议军国要务；审拟重大案件；以及参与会试、选任重要官员等。其职掌又不固定，不像内阁、部院官员那样有规定性的政务，而是由皇帝交办，所以军机大臣始终是皇帝处理机要事

1797	嘉庆二年	四月，令疏浚**灵壁**、**凤台**、丰县、**沛县**等地河道。
1797	嘉庆二年	四月，**保靖县改土归流**。

务的助手，带有皇帝私人秘书色彩，其权力也在这种协理政务中体现。由于所经办之政务均属机要，所以也被视为宰相。

平粜 粜，为出售粮食，相对于此，买入粮食称“籴”。国家为防止灾荒之年粮食价格猛涨，饥民陷入更严重的困苦，造成社会问题，往往于丰收之年粮贱之时，收购粮食储存，称平籴。荒年则以低于当时的粮食价格平价出售，称为平粜。

灵壁 安徽省所辖县，位于该省北部，靠近当时的黄河，濉河流经该县。今仍为安徽省灵壁县。

凤台 安徽省所辖县，隶凤阳府，位于该省中部的偏西北处，淮河支流流经该县。今仍为安徽省凤台县。

沛县 江苏省所辖县，位于该省西北端，与丰县相邻，旧黄河流经该县，运河也有一段在该县境内。隶徐州府。今仍为江苏省沛县。

保靖县 湖南省所辖县，位于该省西北部，与四川省相邻，原为保靖厅，雍正年间改为保靖县，隶永顺府。今仍为湖南省保靖县。

改土归流 这里的所谓“土”，是指少数民族地区的世袭性土司、土官；流，是指中央派任的定期更换的官员，呈流动性，而非某部族世袭，称流官。改土归流，就是废除土司、土官世袭制，而代之以中央派任的流官统

1797	嘉庆二年	五月初三日，教军在陕西兴安府所贴告示，有“兴汉灭满”之语。
1797	嘉庆二年	五月初六日，襄阳教军进入陕西镇安一带，队伍扩大。
1797	嘉庆二年	五月初十日，革图桑阿**乌里雅苏台将军**职，调**永琨**任之。
1797	嘉庆二年	五月十二日，以剿教军不力，革惠龄总统军务职，以**宜绵**代之。
1797	嘉庆二年	五月二十一日，办理乾隆帝陵墓工程。
1797	嘉庆二年	五月二十六日，宜绵等剿四川教军，教军遭围击，伤亡较大。

治该地区。

乌里雅苏台将军 又名定边左副将军，驻镇乌里雅苏台，为漠北蒙古地区的最高军政长官。设于雍正十年（1732），当时名定边左副将军，乾隆以后又称乌里雅苏台将军，统掌漠北四部蒙古（土谢图汗部、车臣汗部、赛因诺颜部、扎萨克图汗部）及唐努乌梁海等地区军政事务。初以蒙古人充任，而且主要是由清皇家额驸策凌及其二子成衮扎布、车布登扎布担任。乾隆四十五年（1780）以后，主要由满洲旗人担当。参见“**乌里雅苏台**”条。

永琨（1743—1803） 号玉华主人。和恭亲王弘昼第七子。乾隆三十三年（1768），封不入八分辅国公。四十六年，授正白蒙古旗副都统。后历任荆州、绥远

1797	嘉庆二年	五月二十九日，嘉庆帝陪太上皇赴热河。
1797	嘉庆二年	六月，襄阳教军分三股进入四川。
1797	嘉庆二年	闰六月初十日，以勒保率清军解除贵州南笼之围困，清廷将南笼府改为兴义府。
1797	嘉庆二年	闰六月十五日，禁西北地区商民出境贸易，永为定例。
1797	嘉庆二年	闰六月，四川多处教军起事，响应进川之襄阳教军。
1797	嘉庆二年	七月初，因自上月底京畿一带连降大雨，**永定河**决口成灾。

城、乌里雅苏台、黑龙江等处将军。任内，颇有政绩。嘉庆四年（1799）返京，授内大臣。旋缘事削职，派往东陵当差。五年回京，授汉军旗副都统，掌理圆明园事宜。七年，复封不入八分辅国公。次年故去。

宜绵（？—1812） 正白满洲旗人，鄂济氏，原名尚安。乾隆二十八年（1763），由生员授兵部笔帖式，累迁至广东巡抚。六十年，授陕甘总督。嘉庆元年（1796），川楚陕白莲教起事，宜绵奉命办理粮饷、策应等事。后率兵入川会剿。次年，接替惠龄总统军务，兼摄四川总督。然久战无功，致使川楚教军进入陕西。后因罪革职而遣戍伊犁。逾两年释回。后起用为大理寺卿。十七年病故。

1797	嘉庆二年	七月初六日，因雨水过多，停止本年木兰秋狝。
1797	嘉庆二年	七月二十日，对贵州降顺苗民一万七千多户予以安抚奖赏。
1797	嘉庆二年	七月，湖广总督毕沅卒。
1797	嘉庆二年	八月初，黄河在江苏**砀山**、山东**曹县**两处决口。
1797	嘉庆二年	八月十八日，命截留湖南漕粮二十万石，运至湖北做军粮。
1797	嘉庆二年	八月二十三日，大学士**阿桂**卒。

永定河　主要流域在直隶（今河北省），其上游名桑干河，源出山西省，向东流入直隶，至怀来县向东南方向流，称永定河，流经北京西南而至天津，汇入海河。因水混而带有大量泥沙，经常决口，河道迁移不定，故初名无定河。清康熙年间大力治理，至康熙三十七年（1698）大见成效，康熙帝巡视而赐名永定河。但后来每到雨季，仍经常决堤成灾，影响京师，所以清历朝对治理永定河均非常重视，也花费大量的人力物力。

砀山　江苏省所辖县，在该省西北端，隶徐州府，与山东、河南两省交界，当时黄河流经该县。今属安徽省，仍称砀山县。

曹县　山东省所辖县，在该省西南端，与河南省相邻，隶曹州府，当时黄河流经该县，今仍为山东省曹县。

1797	嘉庆二年	八月二十九日，清军与教军姚之富、王聪儿部激战，均伤亡惨重，清将领惠伦等多人战死。
1797	嘉庆二年	八月，贵州苗民起义被镇压，首领王囊仙等被俘，后解京处死。
1797	嘉庆二年	九月十四日，清军于汉江一带堵击襄阳教军。
1797	嘉庆二年	九月十九日，将原定大逆连坐人犯所判斩立决改判为**监候**，俱发黑龙江地方给**索伦达斡尔**人为奴。

阿桂（1717－1797） 字广廷。本为正蓝满洲旗人，后以平回部驻伊犁政绩卓著，抬入正白旗。乾隆三年（1738）举人。初从兵部尚书班第赴金川参与军务。二十年，派赴乌里雅苏台，任参赞大臣。平定伊犁与南疆后，驻守伊犁，兴办屯田。后屡任清军统帅，主持征缅战役、平定大小金川及西北回民起义。累居伊犁将军，兵部、吏部尚书，武英殿大学士兼军机大臣等显职，深为乾隆帝倚重。嘉庆元年（1796），因病去职。次年辞世。追赠“太保”，谥“文成”。

监候 法律用语，分斩监候、绞监候，均属死刑，因案情尚有可疑之处，或有可矜之情，或有其他可缓减刑之因，而将犯人监押，以候再审。

索伦达斡尔 索伦是清代对生活在黑龙江上中游地区各少数民

1797	嘉庆二年	十月初三日，湖北长阳军遭重创，首领林之华阵亡。
1797	嘉庆二年	十月十二日，定**八旗汉军养育兵**之制。
1797	嘉庆二年	十月十五日，四川教军王三槐等部进攻营山、蓬州等处，清兵伤亡较重。
1797	嘉庆二年	十月二十一日，**乾清宫交泰殿**被焚。
1797	嘉庆二年	十月二十六日，以宜绵年迈患病，调湖广总督勒保赴四川总统军务。
1797	嘉庆二年	十一月初三日，发内库银四百万两解往四川

族的笼统称谓，其中包括达斡尔族。或称达呼尔。

八旗汉军　清朝八旗的组成部分之一，八旗分八色，每色旗下又有满洲、蒙古、汉军三个固山，即三个旗，所以汉军旗也有八个色别之旗，为镶黄汉军旗（也称作镶黄旗汉军或汉军镶黄旗，其他旗以此类推）、正黄汉军旗、正白汉军旗、正红汉军旗、镶白汉军旗、镶红汉军旗、正蓝汉军旗、镶蓝汉军旗。其成员主要是编入旗籍的汉人，编旗之初主要出于军事需要，因称汉军。编制与满洲旗、蒙古旗相同，而政治、经济权利的某些方面如任官之官缺、赏恤钱粮之发放等不如后者，体现出某种不平等，由于八旗生计问题，乾隆以后允许八旗汉军成员出旗为民，编入汉人民籍。

养育兵　清入关后，八旗兵均成职业兵，且有兵额，领取钱粮，其余未当兵者也不令从事工农商

		做军需。
1798	嘉庆二年	十一月十六日，两广总督吉庆奏广西地区被镇压之**苗民**善后处理事宜。
1798	嘉庆二年	十一月，云贵总督勒保上奏被镇压之苗民地区善后事宜。
1798	嘉庆二年	十二月十二日，命伊犁之驻兵六百名开赴喀什噶尔，加强守备。
1798	嘉庆二年	十二月十四日，台湾遭飓风之灾，闽浙总督魁伦由福建拨银赈济。

业，以备补额兵，旗人家庭以额兵所领兵饷粮及清初配给的旗地收入为生，随着旗人的不断繁衍，原来固定收入已不能满足旗人生计需要，出现所谓八旗生计问题。雍正以后，又扩大兵额，发予其兵饷作为解决生计的措施之一，这部分额兵，便称为养育兵。

乾清宫 紫禁城（皇宫）中主要宫殿之一，在乾清门之内，康熙时为皇帝寝宫，内有东西暖阁。雍正以后皇帝寝宫移入养心殿，乾清宫为赐宴、接见外国使臣及举行内廷贺仪之地。

交泰殿 位于乾清宫后，清代为皇室女性成员皇后、皇贵妃、贵妃、妃、嫔等在元旦、冬至、皇后千秋节举行庆贺典礼之处。另外，该殿还是藏贮宝玺之所，用宝玺之时，由内阁请用，太监取出，共同看视盖用，用毕仍收回交泰殿。

苗民 清代对以苗族为主的少数

1797	嘉庆二年	是年，**彭元瑞**等编《**天禄琳琅书目**》后编十卷完成。

民族的称呼，主要是贵州地区，湖南、云南、四川、广西、湖北诸省也有分布。

彭元瑞（1731—1803）　字芸楣，江西南昌人。乾隆二十二年（1757）进士，授翰林院编修。后历任工、户、兵、吏四部侍郎，累官至工部尚书，协办大学士。嘉庆五年（1800），任高宗实录馆正总裁。八年，病故。元瑞工词章，其文婉丽清新，骈语尤为奇丽。供奉内廷近四十载，为乾隆、嘉庆二帝所重。举凡内廷所辑《祕殿珠林》、《石渠宝笈》、《西清古鉴》诸书，皆参与编纂。另著有《经进稿》、《知圣道斋跋尾》等。

天禄琳琅书目　清宫中所收藏之宋、金、元、明版及明影、宋钞善本书之编目，分前后两编，前编为乾隆年间编成，十卷，后编为嘉庆二年（1797）编成，二十卷。每部书录其刊刻时间、收藏家题识印记，并撰解题。

王鸣盛（1722—1798）　字凤喈，又字礼堂，号西庄，晚年改号西沚居士。江苏嘉定（今属上海市）人。幼有"神童"之誉。青年时就读苏州紫阳书院，与妹夫钱大昕及著名学者王昶等人为同窗。乾隆十二年（1747）中举。十九年，成进士，授翰林院编修，累迁至内阁学士兼礼部侍郎。二十八年，因丁母忧辞官，从此闭门读书，不复出仕。嘉庆二年十二月（1798年1月）去世，年七十六。鸣盛一生著作颇富，经史子集无不通晓，前期偏重经学，著有《尚书后案》；后以史学成就最大，除考史名作《十七

1797 嘉庆二年　是年，学者**王鸣盛**、诗人**袁枚**卒。**李富孙**等编《**鹤征录**》成书。

史商榷》外，另有诗文集《西庄始存稿》、《西沚居士集》，以及晚年随笔杂记《蛾术编》。

袁枚（1716－1798）　浙江仁和（今杭州）人。字子才，称随园先生。乾隆四年（1739）进士，此后历任江苏溧水、江浦等多处知县。自三十余岁丁忧后，即不复为官，筑园于江宁（今南京）小仓山，称随园，长居于此，专意诗文，时出优游。袁枚少负才名，且为人洒脱，其诗作不拘一格，直抒情意，为清代诗坛大家，灵性派之代表。袁氏思想开放，不拘礼教，交友甚广，以诗酒相会。他还是个美食家，又提倡女性文学。当时的礼教之士对其不无讥讽。年八十二而卒。有《小仓山房诗文集》、《随园诗话》等三十余种著作。

李富孙（1764－1843）　字既汸。浙江嘉兴人。出于世代书香门第之家。青年时从师于祖父李集，后与卢文弨、钱大昕、王昶、孙星衍等文人多有交往。嘉庆六年（1801），为拔贡生。后就学于著名书院诂经精舍，遂精经学。尤好读《易》。九年起，主讲于浙江金华丽正书院等多处地方，寻暇则从事经籍、历史和其他方面著述。关于易学，著有《李氏易解剩义》。此外，撰有《鹤征录》、《鹤征后录》两部广为人知的记述历史人物之作。另有文集《校经庼文稿》及《汉魏六朝墓铭纂例》、《梅里志》等著述。

鹤征录　李富孙、李遇孙合编，八卷。嘉庆二年（1797）编成。康熙年间，曾开名为博学鸿词科

1798	嘉庆三年	正月初八日，以明亮、德楞泰剿教军不力，拔去**花翎**以示薄惩。
1798	嘉庆三年	正月二十三日，**科尔沁蒙古**亲王**拉旺**被任命为**哲里木盟盟长**。
1798	嘉庆三年	三月初六日，白莲教军王聪儿、姚之富部被歼，王、姚二人跳崖死。
1798	嘉庆三年	三月，教军张汉潮部由川东攻入湖北。

的制科考试，征召一百八十多人参加，此书就是为这些人作传，每人一传。

花翎　清代官员的冠饰，本孔雀翎，插于冠后翎管之中。翎端之圈纹有单眼、双眼、三眼之分，眼多者等次高。初仅赏给功臣及蒙受特恩者，后赏用渐滥，咸丰后，捐纳也可戴用。

科尔沁蒙古　漠南蒙古部落，牧域在今内蒙古自治区东部、吉林省以西、辽宁省以北。清代被编为六旗：科尔沁右翼中旗、前旗、后旗及左翼中旗、前旗、后旗，隶哲里木盟。该部蒙古领主姓博尔济吉特氏，乃成吉思汗之弟哈萨尔的后裔。该部是归附清朝最早的蒙古部落，与清廷的关系也最密切，世代与皇家联姻，清皇室有多名公主出嫁该部，嘉庆帝之女庄敬和硕公主便嫁与科尔沁左翼后旗郡王索特纳木多布斋。

拉旺（？—1804）　科尔沁蒙古左翼中旗人。乾隆六十年（1795），袭其父卓礼克图亲王；嘉庆三年（1798），被清廷任为该旗所在的哲里木盟盟长；嘉庆九年卒。

哲里木盟　漠南蒙古六盟之一，

1798	嘉庆三年	五月十一日，嘉庆帝与太上皇启程去热河。
1798	嘉庆三年	六月初二日，申明禁止**长随**等**捐纳**定例，令详查，违者重治其罪。
1798	嘉庆三年	六月二十二日，云贵总督鄂辉卒。
1798	嘉庆三年	七月二十四日，四川教军首领王三槐被骗，遭捕，后被解京处死。

下属有科尔沁右翼三旗、左翼三旗及杜尔伯特旗、郭尔罗斯二旗，扎赉特旗，共十旗。在漠南蒙古东端。这十旗共为一盟，定期会盟于哲里木，故称。

盟长　清政府于大漠南北的诸蒙古部旗中，将地域相近的部旗组为盟，设盟长，主要由该盟下部旗之扎萨克王公充任，按照清中央的规定，定期组织诸部旗于某地会盟，处理编审壮丁、练兵、检查军器、财务及办理刑案等事务。中央理藩院也通过盟长而办理该盟下部旗事务。

长随　长期被官员雇用为随从之人，身份为仆隶，法律上属贱民，所以官方严禁其入仕为官。

捐纳　用捐银钱、粮米来换取官位、职衔、身份资格、特权等等的一种制度。清代分暂行事例和现行常例两种。暂行事例是在财政困难需征集大笔款项，如战争筹措军费、灾荒赈济及河工、营田等筹款时开捐，事过即停止。这种捐纳主要是捐实官，捐者便可得到为官资格，所捐之官有任职种类及品级上的限制。现行常例为常行制度，可捐为举人、秀才、贡生、监生等身份资格，或捐得职衔（虚衔）、花翎，还有

1798	嘉庆三年	八月初五日，教军王三槐余部由冷天禄率领，重创清兵。
1798	嘉庆三年	八月十三日，庆贺乾隆帝八十八诞辰，于热河行宫举行贺仪。
1798	嘉庆三年	八月，黄河于河南**睢州**决口。
1798	嘉庆三年	九月初二日，福建奏报**蔡牵**在台湾一带劫掠，谕令闽浙总督魁伦缉拿。
1798	嘉庆三年	九月十九日，将**袁崇焕**入祀广东地方**乡贤祠**。
1798	嘉庆三年	十月初四日，四川教军屯扎**箕山**之**罗其清**部

候缺者捐纳可提前得官等等。

睢州　河南省所辖州，隶归德府，在该省东部。旧黄河流经该州。今为河南省睢县。

蔡牵（1761—1809）　福建同安人。初以弹棉花为业。乾隆五十九年（1794），聚众入海，拦截商船征税，出没于闽浙沿海海域。因屡遭清军追捕，遂于嘉庆七年（1802）率船攻下厦门大小担岛炮台，正式反清。九年，率部首次攻台湾，进泊鹿耳门。次年，取淡水（今新竹），称镇海威武王，建元光明。旋联合台湾义军首领洪老四、吴淮泗等攻克凤山（今高雄），包围府城（今台南市）。后为清军所败，撤出台湾。十二年，在黑水外洋激战中，击毙清军提督李长庚。十四年，被清将王得禄围于定海渔山外洋，无法突围，遂裂船自沉。

袁崇焕（1584—1630）　广东

		被击溃。
1798	嘉庆三年	十月初八日，重建乾清宫、交泰殿竣工。
1798	嘉庆三年	十一月初七日，教军罗其清部遭围剿，死伤惨重。
1799	嘉庆三年	十二月，四川教军罗其清部被消灭，罗其清等多人被俘。
1799	嘉庆四年	正月初一日,四川通江教军被围攻,惨遭杀戮。
1799	嘉庆四年	正月初三日，太上皇乾隆帝死于**养心殿**，终年八十九岁。

东莞人，明万历进士，曾驻守宁远（今辽宁省兴城），屡次挫败后金（清）兵之进攻，被崇祯帝任为兵部尚书，督师蓟辽。明崇祯二年（1629），即后金天聪三年，后金兵攻明都北京，袁崇焕回师入关增援，崇祯帝中反间计，将袁崇焕逮捕下狱处死，为明末一大冤案。

乡贤祠 祭祀本地有功有德者的祠堂。

箕山 在四川省东部的营山县境内，山势陡峭险峻，易守难攻。

罗其清（1760—1799） 四川巴州（今巴中）人。嘉庆元年（1796），与其弟罗其书及苟文明等率白莲教众在巴州起义，屡战清军，队伍迅速发展至三万。二年，与各路教军会师四川东乡（今宣汉），被推为巴州白号首领。三年，先后据箕山、大鹏山以抗清军。后为清军追击，败退

1799—1799

1799	嘉庆四年	正月初三日，嘉庆帝**亲政**。
1799	嘉庆四年	正月初三日，召署安徽巡抚**朱珪**来京供职。
1799	嘉庆四年	正月初三日，命科尔沁蒙古郡王**索特纳木多布斋**在**御前行走**。

蔡家梁，被俘，解京遇害。

养心殿　在皇宫中，军机处以北，养心门内。为雍正以后皇帝寝宫及日常处理政务之所，皇帝召见大臣商议军国重务及引见官员，也在此处。

亲政　指皇帝真正亲自行使皇权，此前，由于年幼或其他原因，其皇权由他人代行，如宗王摄政、大臣辅政、母后垂帘听政等等。嘉庆帝是因有太上皇乾隆帝健在，由太上皇训政，大政出自太上皇，嘉庆帝并无实权，乾隆帝死后，嘉庆帝始真正行使皇权，所以也称亲政。

朱珪（1731—1807）　字石君，号盘陀居士。顺天大兴（今属北京）人。乾隆十三年（1748），中进士，入翰林。时年仅十八岁。后出任福建按察使、山西布政使等职。四十年，返京改授侍讲学士，次年，充上书房师傅，教授永琰（即后来的嘉庆帝）。四十五年起，再次外放，屡居福建、两广要职。嘉庆元年（1796），新皇登基，可望出任内阁大学士，但因和珅暗中阻挠，未能实现。数月后，又被弹劾对广东海盗缉捕不力，贬回安徽巡抚原任。四年，翦除和珅后，奉诏回京任户部尚书兼上书房总师傅，赐第西华门外。嘉庆帝行政多所咨询。七年，授协办大学士兼翰林院掌院学士。十年，拜为大学士，掌工部。十二年卒。朱珪学识渊博，又具良吏之才，效忠清

1799	嘉庆四年	正月初四日，嘉庆帝发布谕旨，痛斥征剿白莲教将领在太上皇在日谎报战功领赏，营私肥橐，残害地方。严申奖惩之令。
1799	嘉庆四年	正月初四日，罢**和珅**军机大臣、**九门提督**职，命于宫内日夜守丧，不得任自出入。

廷六十载，备受乾隆与嘉庆帝崇信，与两位帝王间都存在一种真挚的翰墨情谊。死后极尽哀荣，赐谥“文正”，并入祀贤良祠。著有《知足斋诗文集》。

索特纳木多布斋（？—1825） 博尔济吉特氏，科尔沁蒙古左翼后旗人。乾隆四十八年（1783），袭扎萨克多罗郡王。嘉庆六年（1801），娶嘉庆帝之女庄敬和硕公主，从此与公主长住北京，充任御前大臣、领侍卫内大臣、八旗蒙古都统、护军统领等职。曾辅佐继位初的道光帝。道光五年（1825）卒，因其无子，道光帝特命其族侄过继，承袭郡王，这位过继者便是一代名王僧格林沁。

御前行走 即御前侍卫。凡八旗旗人在御前充任侍卫者，称御前侍卫，蒙古王公或其子弟充任此职者，则称御前行走。

和珅（1750—1799） 字致斋，钮祜禄氏，正红满洲旗人。文生员出身。后得乾隆帝赏识而平步青云。乾隆四十一年（1776），任户部侍郎，旋授军机大臣，历此职达二十余年，同时身兼步军统领、户部、吏部尚书、理藩院尚书及文华殿大学士等显职。并曾充四库馆正总裁。累封至一等公。和珅精明干练，善体圣意，尤为乾隆帝晚年倚重。任内，排除异己，专权纳贿，家资甚富。嘉庆四年（1799），乾隆帝死后，仁宗亲政，即治和珅二十

1799	嘉庆四年	正月初五日，嘉庆帝发布诏告，令群臣于朝政得失、兴利除弊之事积极建言。
1799	嘉庆四年	正月初六日，调任数名王公、旗人大臣为**八旗都统、副都统**。

款大罪，赐令自尽；同时抄没家产，所得金银珍宝极丰，时有“和珅跌倒，嘉庆吃饱”之语。遗有《嘉乐堂诗集》一部。

九门提督 即步军统领，为统领京师之八旗步军营及巡捕营的长官，负责京师卫戍与治安，所领之兵重点防守北京城内城九门——正阳门、崇文门、朝阳门、东直门、安定门、德胜门、西直门、阜成门、宣武门。官从一品，由皇帝于八旗旗人亲信大臣中特简。其全称是“提督九门步军巡捕五营统领”，所以又习称为步军统领。

八旗都统 八旗各旗的最高长官，从一品，清初以满语称之，为“固山额真”，后以汉语称为都统。八旗满洲、蒙古、汉军共二十四旗，每旗一名，掌各该旗旗人之户口、婚嫁、过继、袭职、选官、教育、科举及生计、赏恤等事务。另外，还统领本旗之骑兵——骁骑营，并负责其训练、管理等。

副都统 八旗各旗之副长官，正二品，每旗两名。清初名“梅勒额真”、“梅勒章京”，分左右。后改称副都统。为都统之副手，协助都统管理本旗军政事务。

奏折 清代一种特殊的公文，由官员向皇帝上奏，直达皇帝，由皇帝本人拆阅。需作指示的，初皆由皇帝直接在奏折上批示，封后即直接送还奏事官员，抛开任何政务机关和官员，所以又称密

1799	嘉庆四年	正月初七日，颁发太上皇遗诏于各藩属国。
1799	嘉庆四年	正月初八日，命以后京城、地方官员**奏折**直送御前，不许另有**副封关会军机处**。此日，**王念孙**等弹劾和珅等人。

折。始行于康熙朝（或说在顺治朝已有此类公文），最初仅少数与皇帝关系密近者使用，后来范围扩大；雍正时，进一步扩大并不断正规化。乾隆以后，由于数量较多，皇帝又酌情将奏折交与官员协助处理。奏折的实行，扩大了皇帝的信息来源，而且由皇帝亲自直接向官员批示政务，因而使皇帝独裁专制的皇权强化。

副封关会军机处 奏折本应直达皇帝，不可送交其他机关或官员，军机大臣和珅为获取信息、揽权，曾令官员之奏折另以副本封交军机处。这不仅明显侵蚀皇权，而且破坏了奏折的保密性，因而嘉庆帝亲政后，在惩治和珅的同时，禁止官员之奏折“副封关会军机处”。

王念孙（1744－1832） 字怀祖。江苏高邮人。乾隆四十年（1775）中进士，入翰林院。先于工部任职，后出为地方官，历任陕西道御史、山东运河道、永定河道。念孙精通水利，曾著《导河议》，并参与编纂《河源纪略》。嘉庆四年（1799），仁宗亲政，值川、楚教乱频繁，念孙上疏陈剿贼六事，并首先弹劾和珅擅权。八年，受命以主事衔勘察直隶、河南、山东河道，草拟治水方案。十五年，于永定河道任上辞官。念孙为乾嘉学派晚出的经师之一，曾以戴震为师，精于音韵训诂。主要成就体现于《广雅疏证》与《读书杂志》两作。另

1799	嘉庆四年	正月初八日，革和珅之**大学士**、福长安之**户部尚书**职，并拘捕下狱。查抄和珅家产，数额甚大，后传有“和珅跌倒，嘉庆吃饱”之语。

有《群经字类》等十余种著述。

大学士　内阁之长官。清代，内阁是政府最高机关，中枢机构，其长官大学士，为正一品官，协助皇帝处理全国政务。其重要职掌，是处理题本。题本是中央和地方官员向皇帝奏报请示政务的公文，均先交到内阁，由内阁大学士、学士等先提出初步处理意见，写在一张称为票签的纸上，附在该题本中，供皇帝裁决时参考。皇帝批示后发回内阁，由六科给事中抄发，交相关部门执行。皇帝当时未能决定者，留待御门听政时与大学士当面商讨处理。设立军机处并扩行奏折后，机要事务归军机处处理，皇帝以在奏折上朱批的形式直接指示奏报官员，机要政务抛开了内阁，内阁大学士所经办的，主要是例行公事，权限缩小。只有兼任军机大臣的大学士权力较大。

户部尚书　户部是中央掌管全国财政的机构，尚书是该部长官。

永瑆（1752—1823）　乾隆皇帝第十一子。永璇之同母弟。年少即精于书法，颇受高宗赞赏。乾隆四十四年（1779），受命为四库馆总裁。曾数度扈从皇上外出巡幸。五十四年，封成亲王。嘉庆四年（1799），仁宗亲政，诏命永瑆军机处行走，并总理户部。不久，将原和珅之园林赐与永瑆。半年后，依祖制被解去朝中要职。从此，专志书画、诗词。永瑆有书斋名“诒晋斋”，

1799	嘉庆四年	正月初八日，任命成亲王**永瑆**、大学士董诰、兵部尚书庆桂为军机大臣。任命仪亲王**永璇**总理吏部，成亲王永瑆总理户部兼管**三库**事务，睿亲王淳颖管理**理藩院**，定亲王**绵恩**管理**步军统领**事务。

存有大量珍藏图籍与书画。十九年，诏命选出永瑆所书精品刻石，拓片成帖，御笔亲题《诒晋斋法帖》，颁赏臣工。二十四年，永瑆奉祀地坛时失误，被削去一切官职并罚俸。四年后去世。谥为“哲”，由其曾孙载锐降袭其爵。著有《诒晋斋集》及《诒晋斋随笔》。

永璇（1746－1832） 乾隆皇帝第八子。自幼于上书房读书，师从著名学者陈兆仑。乾隆四十四年（1779），封仪郡王。同年，受命与其弟永瑆同为《四库全书》总裁，主持编纂工作。嘉庆四年（1799），晋封亲王。和珅被诛后，一度总理吏部。其时，永璇身兼宗人府宗令、领侍卫内大臣、文渊阁提举阁事、满洲正红旗都统等多职。十四年，其长子绵志封贝勒。四年后，京师发生林清之乱，绵志因抗击之功晋封郡王，永璇亦以督捕勤劳，免一切处分。二十四年，永璇被劾于宫中刺探政情，而被罢去一切官职。道光即位后（1821），因永璇年高，故多予恩赐。死后谥为“慎”，由绵志降袭郡王。著有《古训堂诗》诗集一部。

三库 即户部三库，各设官员掌管。三库为：银库，为银钱之贮存及出纳机构；缎匹库，负责绸缎、布匹等物之贮存与出纳；颜料库，负责颜料、茶、蜡、纸张等杂物之贮存与出纳。

理藩院 清代特有的处理少数民

1799	嘉庆四年	正月初八日，颁布太上皇帝遗诏。
1799	嘉庆四年	正月初八日，调任多人为部院**尚书**、**侍郎**及八旗都统、**领侍卫内大臣**。

族事务的中央机构，此外，与俄国之交涉事务，也由该机构兼管。其长官尚书一人，从一品；副长官左、右侍郎各一人，正二品，均以八旗满洲、蒙古旗人担任，不用汉人。另设额外侍郎一人，择蒙古王公充任。光绪三十二年（1906），改为理藩部。

绵恩（1747—1822）　爱新觉罗氏，嘉庆帝皇侄，乾隆帝长子永璜之子。乾隆四十一年（1776），袭定郡王，五十八年，晋亲王。善骑射，大约自二十岁起，长期担任火器营总统，还兼任过步军统领。嘉庆八年（1803），嘉庆帝遇刺时，奋力救护，加封其子奕绍为固山贝子。二十年，授为御前大臣。是嘉庆皇帝的倚重之臣。

步军统领　即九门提督，全称为“提督九门步军巡捕五营统领”，总领京师卫戍军队的长官，负责京师之保卫、警备及治安，兼审理所缉获之罪犯。并参见“**九门提督**”条。

尚书　中央各部、院机构之长官，从一品。共有六个部，为吏部（掌文职官员之任免、升降、调补、守制、休致、考核等）、户部（掌财政）、礼部（掌礼仪、教育、科举等）、兵部（掌军务及武官之选任、奖惩考核等）、刑部（掌刑法）、工部（掌土木工程、水利、器物制造等），设满、汉尚书各一人。院为理藩院（掌少数民族事务），

1799	嘉庆四年	正月初九日，调任多人为内阁大学士、**协办大学士**、各部尚书。
1799	嘉庆四年	正月初九日，命睿亲王淳颖为**御前大臣**，庆郡王永璘在**内廷行走**。

尚书一人。

侍郎　中央各部、院之副长官，正二品。六部设左、右侍郎，满、汉各一人，每部四人。理藩院设左、右侍郎各一人，另设额外侍郎一人。

领侍卫内大臣　总领侍卫、亲军的最高长官，正一品。负责皇宫的保卫，皇帝出巡，则率侍卫、亲军扈从。侍卫、亲军主要选自上三旗满洲旗人、蒙古旗人，另以部分下五旗满洲、蒙古旗人及武进士中的技优者充任。领侍卫内大臣共设六名，分三班，每班两名，率领侍卫、亲军轮流入值皇宫。

协办大学士　为内阁大学士之副职，始设于雍正年间，当时因内阁大学士人员不敷用，于额外设大学士，尚非定制。乾隆十三年（1748），定满、汉各一员，品秩低大学士一级，为从一品。佐理大学士掌内阁之政务。

御前大臣　专门负责御前侍值的皇帝亲近职任，由满洲王公大臣充任，也间用外藩蒙古王公。御前大臣统领御前侍卫、御前行走、乾清门侍卫、乾清门行走之人，保卫皇帝日常安全，稽查内廷官员出入，并兼管奏事处。奏事处是掌管皇帝与官员、内阁等机构之间公文收发传递的机构。为防止外朝官员与内廷之太监勾结，特命御前大臣派侍卫监管。

内廷行走　皇宫分内廷和外朝两部分，清代的内廷是指乾清门

1799	嘉庆四年	正月十一日，嘉庆帝宣布逮捕和珅之缘由，历数其罪行。
1799	嘉庆四年	正月十四日，和珅党羽都察院**左都御史吴省钦**被革职，以**刘权之**代之。
1799	嘉庆四年	正月十五日，布告和珅二十大罪状。

以内，这部分是皇帝日常起居及处理政务之处。乾清门以外之外朝，主要是举行重大典礼、筵宴及殿试、朝考之处。行走，是清代对官员任职的特殊用语，有服务、受差遣之义，有时也指派任而非专职的供职办事。内廷行走，是指直接为皇帝服务的职差，有的属于皇帝委任的王公勋戚，如内廷行走，诸王、蒙古王公或其子弟充任的御前行走；有的属于近御机构之官员，如军机处行走，南书房行走等。

都察院 明清两代全国最高监察机构。清代，其长官为左都御史、左副都御史，总领下设的十五道监察御史。雍正朝由于又把六科给事中改隶都察院，故清代都察院的职掌更加广泛。主要有以下几方面：稽查京城各衙门行政。监督吏部对官员的考核，监视刑部之行刑。受理越级控告案件，与刑部、大理寺组成三法司复审重大刑案。奉皇帝之命巡查某项政务或事件。对朝政得失进行指摘，提出建议，奏劾不法官员，以及了解政情，及时上奏等，因而又被称为是“耳目风纪之司”。

左都御史 都察院之长官，从一品，与六部尚书同级。都察院本有右都御史一职，但因为仅作为总督的兼衔，而无本都察院实职，所以都察院只有左都御史为

1799	嘉庆四年	正月十五日，禁内外大臣呈进如意、字画、古玩等。
1799	嘉庆四年	正月十六日，定**军机章京**额缺，并规定其人选必须**引见**皇帝后钦定。
1799	嘉庆四年	正月十八日，判处和珅，令其自尽。

主掌之长官，设满、汉各一人。其职掌参见上条“**都察院**”。

吴省钦（1730–1810）　字冲之。江苏南汇人。乾隆二十八年（1763）进士，授翰林院编修。迁侍读学士。曾多次出任乡、会两试考官及四川、浙江诸省学政。五十六年，升礼部右侍郎，后调工部、吏部。嘉庆三年（1798），授左都御史。吴氏曾长期阿附和珅。四年，和珅被诛后，降为编修。后累迁至侍讲学士。九年，以年老致仕。十五年，辞世。

刘权之（1739–1818）　字德舆，号云房。湖南长沙人。乾隆二十五年（1760）进士，授翰林院编修。曾参与编纂《四库全书》及《四库全书总目提要》。书成，升侍讲学士。后相继典安徽、山东、江苏学政，并多次主持乡试及礼部试。嘉庆四年（1799），升左都御史，寻迁吏部尚书。六年，命为军机大臣。十年，以礼部尚书、协办大学士，加太子少保。旋被劾举荐人时徇私，降为编修。后来又被任为兵部尚书、体仁阁大学士。十八年，致仕。在嘉庆朝枢臣中，刘氏与庆桂并称，同以老成持重名著。

军机章京　军机处的一般办事官员，负责军机处公文之撰拟、缮写、记档、收发文稿，以及奉命参与某些政务等。军机章京均选自内阁、部院之各司，择其可

1799	嘉庆四年	正月十八日，判处福长安斩监候，宽免释放，遣充**裕陵**供茶**拜唐阿**。
1799	嘉庆四年	正月十八日，将和珅之弟和琳追革公爵，撤出**配享太庙**。

靠、机敏且办事迅捷者充任，以适应军机处职掌的机要性，保证其行政效率。军机章京初无定员，嘉庆四年（1799），定为满、汉各两班，每班八人，共三十二名。相对于军机大臣之称“大军机”，军机章京又有“小军机”之称。

引见　清代制度，凡中下级官员即京官五品以下、外官四品以下，在授官职、调用、考核等情况时，文、武官分别由吏部（文官）、兵部（武官）长官或有关官员带领面见皇帝，由皇帝面试而最终决定其升降、选用与否及考核等次，称为引见。此外，边疆民族贵族之册封、外国使节觐见，由有关官员引导面见皇帝，也称引见。

裕陵　乾隆皇帝之陵墓，在今河北省遵化县马兰峪昌瑞山南麓的胜水峪。陵中葬乾隆帝及其两位皇后、三位皇贵妃。

拜唐阿　清代八旗旗人充任的办理杂务、听差之人，职掌繁杂，在各衙署及王公府第均设有。拜唐阿为满语，也音译为“柏唐阿”，执事人之义。

配享太庙　太庙，是皇帝家族之宗庙，供奉其列祖列宗各已故皇帝之牌位。太庙位于皇宫之左前（东南），与皇宫之右前（西南）的社稷坛，共同组成古代王朝家天下的礼制格局。而少数有大功于皇家江山社稷的异姓官员，死后也由皇帝特许将其牌位

1799	嘉庆四年	正月十八日，免和珅子**固伦额驸丰绅殷德**连坐，留袭伯爵。
1799	嘉庆四年	正月十八日，和珅党羽大学士**苏凌阿**、侍郎吴省兰等被罢黜。

附于皇家太庙之中，与皇帝之列祖列宗一起享受皇家的祭祀，称为配享太庙，这一待遇，被视为是旷典殊荣。

固伦额驸　清皇家公主之丈夫的最高等级封号。清代之公主分两等：固伦公主、和硕公主，凡皇后所生，例封固伦公主，其他妃嫔所生，或皇帝宫中抚养的宗王之女，封和硕公主。和硕公主也可因特恩而晋封固伦公主。凡娶固伦公主者，便封固伦额驸。

丰绅殷德（？—1810）　和珅之子，正红满洲旗人，和珅得宠时，乾隆帝爱及其子，赐名丰绅殷德，并将最钟爱的幼女第十女特封固伦公主，指嫁与他，命其在御前行走。乾隆末年，又先后任武备院卿、正黄旗护军统领、内务府大臣等职。和珅获罪后，丰绅殷德也受牵连，但仍得承袭伯爵，嘉庆七年（1802），又赏与民公品级，任散秩大臣，旋因罪而革去，软禁在家。嘉庆十一年以后，又任为八旗副都统等职。卒于嘉庆十五年。

苏凌阿（1717—1799）　正白满洲旗人，钮祜禄氏。乾隆六年（1741）翻译举人。自内阁中书累迁为江西广饶九南道，此后在地方任职多年。至乾隆五十二年，始迁为兵部侍郎。后历任工部、户部侍郎，户部尚书及两江总督。嘉庆二年（1797），拜为东阁大学士，兼署刑部尚书。苏凌阿本系和珅弟和琳之姻亲，长

1799	嘉庆四年	正月十九日，命新疆解京大块玉石不必运京。
1799	嘉庆四年	正月二十日，上乾隆帝**谥号**、**庙号**。
1799	嘉庆四年	正月二十日，授**勒保**为经略大臣，总统镇压川楚陕等处白莲教教军军务。
1799	嘉庆四年	正月二十六日，命将原**抬旗**之和珅一支改

期阿附和珅。四年，嘉庆帝亲政，和珅伏诛后，令其休致，守护裕陵，不久辞世。

谥号 人死后对其一生所作的评价性称号。帝王谥号最初有褒有贬，后来均为褒扬性用词，且赞誉之词越来越多，明清时期，皇帝谥号多达二十多字，一般取其最末一字称之，如乾隆帝之谥号为“法天隆运至诚先觉体元立极敷文奋武钦明孝慈神圣纯皇帝”，即以“纯皇帝”作为谥号称之。

庙号 帝王死后，在太庙中立室而奉祀，并予名号，此名号即称“庙号”，主要以某祖、某宗名之，如太祖、世祖、太宗、世宗、高宗、仁宗等。乾隆帝的庙号为“高宗”。

勒保（1740—1819） 镶红满洲旗人。青年时以中书笔帖式充军机章京。乾隆四十五年（1778）起，外放为官，历任库伦办事章京、陕甘总督、云贵总督等职。嘉庆二年（1797），勒保因上年不许缅甸入贡北京而受谴，奉命赴湖北征剿白莲教，以立功自赎。继而，平定贵州苗民叛乱，因功晋封威勤侯。三年，入四川征剿白莲教，取得开县大捷，诏嘉为入川第一功，授四川总督。旋采用坚壁清野之策略，九战九

		回本旗。
1799	嘉庆四年	正月二十七日，陕甘总督宜绵解任；陕西巡抚秦承恩革职，解京受审。
1799	嘉庆四年	正月二十八日，追赠已故御史**曹锡宝**为副都御史，并**荫子**一人。

捷，计擒白莲教重要首领王三槐，晋封公爵。四年，嘉庆帝任勒保为川、陕、甘、豫、鄂五省经略大臣，继续进剿。数月后，因未能根除反乱，被革职解京。次年获释后，再任四川总督。此后屡建战功。八年，战事平定，勒保晋升一等伯，并恢复威勤封号。此后几年又平定地方数起反乱。十五年起，入京供职，历任刑部尚书、领侍卫内大臣、军机大臣并兼管理藩院。十九年，因病致仕。身后谥“文襄”。

抬旗　清代八旗制度中提高某些旗人身份地位、密近对皇帝之隶属关系的一种做法。抬旗分两种，一种是由下五旗抬至上三旗，因上三旗为皇帝亲统之旗，下五旗为宗室王公所统之旗，下五旗王公属下旗人抬入上三旗，成皇帝直属旗人，身份提高；另一种是由内务府包衣三旗中抬入上三旗中的满洲旗，或由下五旗的包衣佐领中抬入本色满洲旗中的旗分佐领，这后一种抬旗，是改变原来的包衣旗人的奴仆身份，升为一般的旗分佐领下人，脱离包衣旗人的奴籍。得到抬旗待遇的主要有以下几种人：有军功或任职勤劳、政绩突出者，因公殉职者，本人及家属抬旗；得皇帝赏识而特恩抬旗者；皇帝之

1799	嘉庆四年	正月二十八日，召内阁学士**尹壮图**由籍回京，候旨擢用。
1799	嘉庆四年	正月二十八日，命户部将先前停铸之制钱三十卯，复铸十五卯。
1799	嘉庆四年	二月初五日，停永瑆之总理户部事务、永璇之总理吏部事务。

生母的娘家、皇后娘家抬旗，皇帝之个别妃嫔或前朝太妃得皇帝之特恩，娘家抬旗。

曹锡宝（1719—1792） 字鸿书，号剑亭。江苏上海（今上海市）人。乾隆初，以举人考授内阁中书，入值军机处。乾隆二十二年（1757）成进士，选翰林院庶吉士。曾任刑部主事、郎中，山西学政，山东督粮道等职，累迁至陕西道监察御史。当是时，和珅势焰熏灼，举朝无人敢纠劾，唯锡宝于五十一年弹劾和珅家奴刘全恃势营私，衣服、车马、居室皆逾制。旋以查无实证，降级留任。五十七年，病故。嘉庆四年（1799），和珅伏诛后，嘉庆帝追念锡宝抗辞执奏、首劾之功，特追赠副都御史。后入祀乡贤祠。

荫子 凭借先人（一般为父或祖）有较高之官品，有功于国、殉职或皇帝特恩等原因，取得入仕资格（包括监生），得官，称为荫子。

尹壮图（1738—1808） 云南蒙自人。乾隆三十一年（1766）进士，授礼部主事。累迁内阁学士，兼礼部侍郎。五十五年，上疏言事，揭露时弊，直陈“各督抚声名狼藉，吏治废弛”，为当事者忌。乾隆帝命户部侍郎庆成

1799	嘉庆四年	二月初六日，嘉庆帝斥责剿教军之将领拖延时日，指出已费军需超过七千万两。
1799	嘉庆四年	二月初六日，解除私售玉石玉器禁例。减轻**私刨人参**之治罪。
1799	嘉庆四年	二月初九日，命纂修《**大清高宗纯皇帝实录**》。

偕壮图赴山西、直隶、山东、江西诸省查仓，以证亏空之事。然所至之处，庆成多方掣肘，致使查无实据，遂降为礼部主事。旋以母老请辞。晚年在籍讲学。嘉庆四年（1799），仁宗亲政，念其敢言直谏，特召入京供职，并赐奏事匣，专折言事。不久，复以母老乞归。

卯　卯有多种概念涵义，这里是指官方铸造制钱的计量单位。各铸钱局所铸每卯之制钱，数量也不一，户部的宝泉局，每卯为一万二千串，一串是一千个制钱，所以一卯是一千二百万个（枚）制钱。

私刨人参　清朝满族统治者在东北吉林等处的产人参之地实行封禁政策，只准服务于皇家的内务府人丁刨采，供贮皇家的内库。另外，也准许宗室王公按规定人数前去刨挖（清初也曾允许少数勋臣派人刨参，后停止），其他人若私自潜入这一产参禁区刨挖，则触犯法律，治以应得之罪。

大清高宗纯皇帝实录　“实录”，是记录各朝皇帝在位时期各种大事件的编年体史书。每位皇帝在位时之内容单独成书，内容又是以该皇帝为中心编辑，故每部实录以各该皇帝命名。《大清高宗纯皇帝实录》，俗

1799	嘉庆四年	二月初九日，四川白莲教军首领王三槐、罗其清在京被**凌迟**处死。
1799	嘉庆四年	二月十二日，命以后获教军首领，不必解京，即于本地处死**枭示**。
1799	嘉庆四年	二月十三日，两江总督兼领**南河**事**李奉翰**卒。

简称《清高宗实录》，嘉庆四年（1799）始修，嘉庆十二年修成，共一千五百卷，记乾隆帝在位期间之大事。

凌迟 死刑之一种，为最残酷的惩处形式，将犯人之肉逐块割剐，使其受尽痛苦而死。主要惩治所谓大逆不道之罪犯。

枭示 犯人被斩首后，将其首级高高悬挂示众。

南河 清代，将江南二省江苏、安徽境内的运河、黄河、淮河诸水利工程称南河工程，该地区河道也即称为南河。

李奉翰（？—1799） 正蓝汉军旗人。江南河道总督李宏之子。监生出身。承家学，精通河工。乾隆中以捐纳入官，历任江苏苏松太道、河库道，江南河道总督、河东河道总督。任内，督修河防，奏请固定河汛官缺、增设河兵及改定河闸驻地等事，为政勤谨。嘉庆二年（1797），加太子太保，授两江总督兼管南河事务。三年，黄河睢宁段决口，奉翰督塞决口。四年，卒于治河工地。

宗室 古代皇族成员称为宗室。清代的皇族，按照与皇帝本支血缘关系的远近，又分为宗室和觉罗两部分人。清太祖努尔哈齐之曾祖的六个儿子德世库、刘阐、

1799	嘉庆四年	二月十六日，命所获教军家属，男十六岁以上者发黑龙江为奴，十一至十五岁者监禁，至成丁时发新疆地区。十岁以下及妇女，给满洲、蒙古旗人大臣之家为奴。
1799	嘉庆四年	二月十七日，复**宗室乡试**，并增**各部司员**的**宗室缺**额。

索长阿、觉长安、包朗阿、宝实及其子孙，定为清王朝的皇族，其中觉长安之子塔什一支，也即努尔哈齐兄弟几人及其子孙，划为宗室，其余疏属为觉罗。

乡试　清代科举中的省级考试，考中者为举人，可于次年参加中央举行的会试。宗室乡试不参加地方之省的考试，但也属于这一级的考试，考取者为举人，可再参加会试。宗室乡试单独举行，考试内容较简单，录取比例也较高。

各部司员　明清两代，中央六部各设若干司，分管各该部某项或某些具体事务，每司设郎中、员外郎、主事等官员负责，这些官员便称为司员，属中级官员，其上司是各该部之长官尚书、侍郎。司员之行政直接对长官尚书、侍郎负责。

宗室缺　清代官制，各机构、各种政务设有各种官缺，规定由哪种身份之人出任，如满缺之由满洲旗人出任，汉缺之由汉族人出任，汉军缺之由汉军旗人出任，并规定其官缺额数。宗室缺是其中的一种，只有宗室成员才有资格担任此官缺，如吏部各司中，员外郎共十六名，其中一名为宗室缺，其余十五名为满缺、蒙古缺、汉缺。户部诸司之员外郎共

1799	嘉庆四年	二月十七日，因惠龄之母故世，命惠龄回京**守制**，四川剿教之清军由德楞泰统领。
1799	嘉庆四年	二月二十四日，定嘉庆帝名讳**避讳**法。

五十二名，其中宗室缺为两名。

守制 中国古代，父母或祖父母之丧期，孝子或承重孙（嫡长孙之父先死去，由此孙继承祖父，称承重孙）须守丧三年（后世一般为二十七个月），在此期间不任官、不赴科举考试、不嫁娶、不宴乐等，称为守制。

避讳 中国古代对应尊敬的人不能直呼其“名”或写出这个名字，而采取一些婉转的表达方式，这种称谓礼俗，称作避讳。如孔子名丘，字仲尼，他的名“丘”字就应避讳，在不得已而书写时便写作「𠀉」，以笔缺的方式避讳。地名中的“任丘”，则写作“任邱”。以语言称呼他，则不称孔丘，而尊称其为孔子、孔圣人等。这个应避讳的名字“丘”，又称“名讳”、“讳”。避讳大致可分两种，对一般个人之名的避讳称“私讳”，对举国都应敬避的如皇帝、太子、孔子等名讳的避讳称“国讳”。

文字狱 指因文字方面包括用字、词或语义等被定罪而兴起的狱案。清代，康熙、雍正、乾隆等朝，不少刑案就是由这种原因兴起，如沈德潜之诗作《咏黑牡丹诗》有“夺朱非正色，异种也称王”一句，便被指控为是诬蔑清朝之满人乃异族而夺取朱明王朝之正统天下，将其开棺戮尸。

徐述夔（？－1763？） 江苏东台人。乾隆三年（1738）举人。颇负文名，撰有六卷本诗集《一

1799	嘉庆四年	二月二十四日，将**文字狱**判处之**徐述夔**、**王锡侯**二人子孙发遣者释回。
1799	嘉庆四年	二月二十五日，御史**谷际岐**以湖北武昌府事例，疏奏白莲教起义乃因官逼民反。

柱楼诗》，刊刻于乾隆二十八年。四十三年，被人告发该诗集中有违碍朝廷之词句，尤以“明朝期振翮，一举去清都”一句，触怒乾隆帝，认为诗中有欲复兴明室，一举荡平清朝都城之意，故将徐氏定为大逆，兴起文字狱。时徐氏及其子怀祖已故去，仍被抛棺戮尸；孙辈徐食田、徐食书及列名校对和有关涉之人均处斩监候。此案初发时拖延不办的官吏也一并获罪，鞭笞、流徙及处死不等。著名诗人沈德潜因生前曾替徐氏做传，被追夺全部封赏。徐氏生前全部著作及刻版亦被付之一炬。

王锡侯（1713－1777）　字韩伯，号滨洲。江西新昌人。乾隆十五年（1750）举人。一生著述、编纂甚多，但多毁于文字狱中，仅有《书法精言》、《字贯》、《望都县志》及所辑《国朝诗观》幸存于世。王氏文字狱起自《字贯》一书。因这部字典在序言中为明宗旨，援引了孔子之名及清朝皇帝圣祖、世宗和高宗的圣讳，而未能按规定省去末笔避讳；同时书中对奉皇帝上谕编纂并以其年号命名的《康熙字典》进行评价，有逆君臣之道，由此获罪。王氏于乾隆四十二年底被处死，家产籍没；近亲二十人拿解入京，其三子及四孙被判斩监候，后有五人减刑发往黑龙江为奴。

谷际岐　字西阿。云南赵州人。

1799	嘉庆四年	二月二十七日，丰绅殷德被革伯爵。
1799	嘉庆四年	二月三十日，将查抄和珅家人呼什图之粮一万余石赈**顺天府**被水灾民。
1799	嘉庆四年	二月，增加征教军之官兵，四川、陕西、甘肃、湖北、河南共增兵三万。
1799	嘉庆四年	三月初一日，首告和珅之**给事中广兴**被擢为

乾隆四十年（1775）进士，授翰林院编修。曾参与校勘《四库全书》。乾隆末年，以母老辞官归养，主讲于云南五华书院，教学有法。嘉庆三年（1798）复官后，升为御史。次年，上疏言政，指出白莲教起事缘于官逼民反，清军久战无功是因诸将贪没粮饷、抢功卸责；并谏言整饬地方吏治，选良将，清军需。嘉庆帝嘉其言，逐一施行。际岐亦由此以直言名著天下。后又疏陈云南盐法官营之弊诸事。累迁至郎中。后以老乞休，主讲于扬州孝廉堂，历十年故去。

顺天府 清代管理北京附近州县之府，下辖大兴、宛平、良乡、房山、通州、武清、宝坻、香河等二十四个州县。

给事中 六科之官员。清沿明制，于吏科、户科、礼科、兵科、刑科、工科这六科设掌印给事中，满、汉各一人，负责审察官员上交给内阁的公文（主要是"题本"），题本经皇帝批示返回内阁后，交六科给事中抄给各有关衙门执行，称为"科抄"，此外，又将题本内容摘录编册，以备修史之用（此称"史书"）。给事中还有反映朝政得失、举劾不法官员之职责。雍正年间归并于都察院。

		副都御史。
1799	嘉庆四年	三月初五日，贪官湖南布政使郑源璹被革职拿问。
1799	嘉庆四年	三月初十日，四川教军冷天禄部被清军追击，损失惨重。冷天禄阵亡。
1799	嘉庆四年	三月初十日，准各省**道员**密折奏事。

广兴（？—1808） 字赓虞，镶黄满洲旗人。乾隆中以捐资入官。初为主事，因敏于任事，为大学士王杰赏识，累迁为给事中。嘉庆四年（1799），弹劾和珅罪状，升副都御史。旋赴四川管理军需，月节约糜费达数十万金。为时所忌，屡遭弹劾，奉诏返京，降通政副使。九年，升兵部侍郎，总管内务府大臣，并署理刑部侍郎。十一年，以弹劾御前大臣绵恩专擅违例之事不实，贬官。后补奉宸苑卿，再擢刑部侍郎，兼内务府大臣。广兴素日以骄奢罪人。十三年，因事受责，罢职闲居。有隙者乘势攻其短，下狱处死。

副都御史 即左副都御史，都察院之副长官，其职掌同于左都御史，详见前“**都察院**”一条。因都察院的另一副长官右副都御史为巡抚兼衔，并无实职，所以左副都御史便习称副都御史。

道员 清代省之长官以下府级长官以上的行政官员，分管各道。道分两种，一种是辖一至几个府或直隶州、直隶厅的行政区，如江苏省之苏松太道，辖苏州府、松江府及太仓直隶州。这种道的道员在辖区的所管事务上也有所侧重，如民政、财政或刑事等，又多兼某些政务的职衔。另一种

1799	嘉庆四年	三月十六日，限定王公大臣使用太监额数，逾额者交**内务府**，送宫内当差。
1799	嘉庆四年	三月十八日，定全国各税关征税**盈余数额**，停**三年比较之例**。
1799	嘉庆四年	三月十九日，**长芦**盐商、山东商人捐助军需银两，照例**议叙**。
1799	嘉庆四年	三月二十九日，将以前因文字狱连坐而发遣

是专管某项事务之道，如管理漕运的督粮道，山东、河南、江苏、浙江等七省均有设置。

太监　又称宦官，为阉割男性，服务于宫廷、皇室及王公贵族、公主府、少数高级官员之家。

内务府　清代特有的管理皇室及宫廷等处诸事务的机构。负责诸如宫廷之仓储、财务、器物制作、修造工程、食用、畜牧、庄园、采捕，皇室成员之婚丧嫁娶及祭祀礼仪，皇室太监、宫女的选用与管理，本府一般官员之选用及本府旗人之刑罚、子弟之教育等。其一般官员及服役人员，主要选自皇室所辖之上三旗包衣（奴仆）旗人。长官为内务府总管大臣，由宗室王公或满族官员充任。

盈余数额　指各税关在征收额之外增收的部分，即“盈余银”。商品运销，须通过各税关纳税，因其通过税关的商品量并非固定，上交部分只能定出一个低于实际所征的大概数额，其余部分便成了盈余数额。商品经济发展，税关的商品通过量增加，盈余数也随之增多，中央要设法将这部分征入国库，以防征税官员私占。因而清廷为保证盈余银的

		的部分人犯释回。
1799	嘉庆四年	四月初二日，禁京城开设戏园，以八旗子弟耽于娱乐、耗费钱粮之故。
1799	嘉庆四年	四月初九日，申明旗人**选秀女**之制，未经挑选者不得许配。
1799	嘉庆四年	四月初十日，嘉庆帝遵行**秘密立储**之制，书太子之名放于乾清宫正大光明匾之后。

尽量征收曾制定各种办法。

三年比较之例 关税盈余额之征收的一种办法。指在关税正额之外，其上交之盈余银，以上三年（届）征收最多之年份为准，短少者，即令管关税之官员赔补。这一方法，造成经征官员的加征，甚至苛征暴敛。所以嘉庆四年（1799）停止这种办法。

长芦 清代制盐地及销盐地域之一。制盐的长芦盐场在天津沿海之地。该盐场所制之盐由长芦盐商在官府指定的营销地——直隶、河南两省售卖，称长芦盐区。

议叙 清代对官员的奖励方式，如晋升，或加级、记录，并以此作为以后升官的资格、依据等，均称为议叙。

选秀女 清代皇家选取旗人中未婚青年女子的制度，被选中者称为秀女，分为两种，一种是内务府选取上三旗包衣旗的旗人女子，选中者称宫女，服务于宫廷皇室，服务一定年限后，放出宫再结婚；一种是从八旗二十四个旗（满洲八旗、蒙古八旗、汉军八旗）的旗人女子中选取，选中者便记录在册，以备指配给皇子皇孙或宗室王公之子弟为妻。未被选中者，方可出嫁。未选秀女

1799	嘉庆四年	四月二十五日，取中**姚文田**等二百二十人为进士，**王引之**为是科**探花**，学者**郝懿行**为此

之前出嫁者，该女子之家长治以应得之罪。

秘密立储 清代特殊的选立皇储（皇太子）制度，始于雍正时期。由皇帝将自己心中默定的未来皇位继承人书写两份，一份藏于皇宫内乾清宫的正大光明匾之后，另一份由皇帝自己保存。被立之人只有皇帝自己知道，不告诉任何人，这种制度由于不明立皇太子，被立之皇太子本人也不知道，因而避免了老皇帝在位时皇太子与皇帝的权位矛盾、皇太子党的形成，以及其他皇子、大臣等人与皇太子的矛盾。皇帝还可根据自己的长时间观察，换掉不满意者，另立新人，被换者也不知道，避免由此引起的政治风波，也便于皇帝最终选取较优、最合适之人继位。这种做法，是清代皇帝吸取了往代立太子的经验教训而创立的制度。乾隆、嘉庆、道光、咸丰等几位皇帝都是以这一形式被选立的。

姚文田（1758—1827） 字秋农。浙江归安（今湖州市）人。乾隆五十九年（1794），应特试中举，授内阁中书。嘉庆四年（1799），考中状元，官翰林院修撰。后多次任乡试主考官及广东、河南、江苏等省学政，以善于擢选优秀生员而著称。至十八年，累迁为国子监祭酒。次年，升内阁学士。此后十余年间历任各部侍郎。道光七年（1827），官至礼部尚书。文田为官刚正廉洁，颇有政声，于重大朝政能慨陈己见，曾上疏奏请简化诉讼程序、严禁诬陷他人以及清除漕运积弊诸事，颇受重视。身后谥为“文僖”。撰有《邃雅堂集》、《说文声系》等著述。

科进士。

王引之（1766－1834） 字伯申。江苏高邮人。王念孙之子。嘉庆四年（1799），一甲进士及第，授翰林院编修。六年，受命参与编纂《皇朝词林典故》。后历任通政使、大理寺卿、左副都御史等职，并曾多次出任乡、会两试考官及主持河南、山东学政。二十五年，出任《仁宗实录》总纂。次年，又任国史馆副总裁。道光七年（1827），奉命与奕绘等人修订《康熙字典》。四十年，卒于工部尚书任上。引之一生治学，以父为师，从事声音、文字、训诂之学。曾遍搜九经、三传，以及周、秦、西汉之书中虚字，凡一百六十字，勒为一书而成《经传释词》，成为系统研究虚字规范化的首位学者。又著有《经义述闻》，为校勘学之力作。

探花 科举考试殿试后所选取的进士中的第三名，第一名为状元，第二名为榜眼。这三名又合称为三鼎甲。

郝懿行（1757－1823） 字恂九，号兰皋。山东栖霞人。嘉庆四年（1799）进士，授户部主事。懿行性谦退，淡于仕进，一心于著述，且多得其妻王照圆之助。任主事达二十余年，未有升迁。至二十五年，方补为江南司主事。三年后辞世。懿行长于名物训诂考据之学，尤其对《尔雅》用力最久、最勤，撰有《尔雅义疏》十九卷。此外，对经学、史学、古地理学及诸子之学也有论述。其中以论述《山海经》、《竹书纪年》及荀子著作的专著较为重要。懿行又喜观察、研究自然现象，有农业专著《宝训》及《蜂衙小记》等趣味

1799	嘉庆四年	四月二十六日，将藉权招摇、婪索受贿之和珅家奴刘全、呼什图等治罪。
1799	嘉庆四年	五月初二日，禁止各省河工摊派地方州县。
1799	嘉庆四年	五月二十四日，皇后出行，克勤郡王恒谨因未回避被革王爵。
1799	嘉庆四年	六月初二日，增设步军统领左右翼总兵官。
1799	嘉庆四年	六月初三日，于各省剿白莲教军各处推行坚壁清野之策。
1799	嘉庆四年	六月十六日，禁有**漕**各州县**浮收**加征。

性短著。其一生用功甚勤，计有四十余种专著存世，约有半数收为《郝氏遗书》。

漕 漕粮、漕运等概念的简称，如：有漕州县，指征收漕粮的州县，漕运总督又简称漕督等。

浮收 指征收税粮的官吏以各种办法多收，如设法扩大所颁发之斛（粮食量具）的容量，以及“踢斛”以增加斛中米的密度，“淋尖”即让所量之米高出斛面等。当时浙江省征收漕粮，有一石多收七八斗者，因而嘉庆帝谕令严禁浮收。

钱局 指官府铸造制钱的机构，户部、工部均设钱局，户部为宝泉局，工部为宝源局。

旧卯 指以前所规定的鼓铸制钱的数额。卯，是铸钱数额单位。乾隆时，因银贱钱贵，清政府认为是钱少所致，因而增大铸钱数额，户部、工部两个铸钱局年铸

1799	嘉庆四年	七月初一日，令各省召募新兵，补充征教军之兵员。
1799	嘉庆四年	七月初五日，由山西调兵三千赴湖北参战。
1799	嘉庆四年	七月二十一日，成亲王永瑆辞去管理户部三库事务。
1799	嘉庆四年	七月二十三日，命户、工两部**钱局**全部恢复**旧卯**数铸钱。
1799	嘉庆四年	七月二十五日，停各督抚及**盐政**、**关差**、**织造**于中秋节呈进方物，定为永例。
1799	嘉庆四年	七月，云南**石屏**、**建水**二州县地震。

量达到七十六卯，乾隆后期因钱价平稳，因而减少铸钱卯数，某些年份还停铸。嘉庆初年，由于又出现银贵钱贱现象，所以嘉庆帝令户、工两部钱局恢复旧卯数铸钱。

盐政　地方各盐区管理盐务的官员。雍正以前曾置巡盐御史管理，雍正以后设盐政。也有由总督、巡抚兼任此职者。

关差　管理税关征税等事务的官员，也有由总督、巡抚、盐政、织造兼任者。

织造　清代沿明朝制度，由南京、苏州、杭州三处织造皇室及宫廷所用织品，每处设一名官员管理，称织造监督，简称织造。由内务府包衣旗人充任。也有织造兼任盐政、关差者。织造还常被皇帝委以其他事务，如采买，打探（即充当皇帝耳目）等。《红楼梦》作者曹雪芹的祖上就

1799	嘉庆四年	七月，黄河于江苏砀山邵家坝决口。
1799	嘉庆四年	八月初六日，调盛京兵二千名，吉林及黑龙江兵各一千名赴湖北参战。
1799	嘉庆四年	八月初十日，**福州将军**庆霖违禁进献中秋贡物，被革职留任。并再次申禁。
1799	嘉庆四年	八月十六日，**光禄寺少卿戴均元**奏：各省州县**常平仓**，近年多缺额，实储十无二三。请

充当过这种职务。

石屏　云南省临安府所辖州，在云南省南部。今仍属云南省，称石屏县。

建水　云南省临安府所辖县，在石屏州东南，为相邻州县，临安府府治即设在建水县。今仍称建水县，属云南省。

福州将军　清代驻防于福建省福州的八旗兵长官。该地驻防八旗兵为一千九百人左右，并辖一个水师营。

光禄寺少卿　光禄寺是以掌管宫廷宴飨为主要事务的机构，其长官为光禄寺卿，少卿为副长官，正五品，满汉各一人。

戴均元（1746—1840）　字修原，号可亭。江西大庾（今大余）人。乾隆四十年（1775）进士，授翰林院编修。五十八年，迁为御史。曾主持江南、湖北乡试并督四川、安徽学政。嘉庆四年（1799），授光禄寺少卿。后历任工、刑、户、礼四部侍郎，河东河道总督，礼部、吏部尚书。二十三年，授军机大臣，上书房总师傅。旋拜为文渊阁大学士。二十五年，嘉庆帝驾崩，道光帝继位，因撰遗诏误引御制诗注，罢值军机处。道光四年（1824），

		令勒限买补。
1799	嘉庆四年	八月十七日，将勒保革职拿问，授额勒登保经略大臣。
1799	嘉庆四年	八月二十日，禁地方官私造滥用违制刑具。
1799	嘉庆四年	八月二十五日，**洪亮吉**上疏建言获罪，遣戍伊犁。

以老致仕回籍。八年，因所监修在位皇帝陵墓浸水，几被杀，后因年至耄耋，免罪释归。

常平仓 地方官府所设置的储备粮仓库，以备平粜、赈济灾荒等用。其粮食来源，为官府购买及乡绅士民捐送。各省省会及府州县均有设置。

洪亮吉（1746—1809） 字稚存，号北江。江苏阳湖（今常州）人。少时家境贫寒，努力向学。先后为朱筠、毕沅作幕僚。并曾助毕氏编写《续资治通鉴》。乾隆五十五年（1790）中进士，授翰林院编修。不久，受命督贵州学政。嘉庆元年（1796）返京，任上书房师傅。四年，参与编修《高宗实录》。书成后辞官。行前，忧心国事，上书言政，直言官场贪污腐败，甚至语及皇上。因此获罪待斩，后改放伊犁。历百日而赦返。从此，自号更生居士，以游历著述为事。七年起，主讲于安徽旌德洋川书院，并编成《泾县志》、《宁国府志》两部方志。十四年病故。亮吉诗、文称著一时，尤以舆地学成就最大。著有《贵州水道考》、《东晋疆域志》及《十六国疆域志》等。晚近以来，洪氏人口理论亦

1799	嘉庆四年	八月二十七日，嘉庆帝批驳洪亮吉谏言。
1799	嘉庆四年	九月初三日，**洪泽湖**决口。
1799	嘉庆四年	九月十三日，两淮盐政征瑞因曾馈送和珅银两等事被革职押赴皇陵工地服役。
1799	嘉庆四年	九月十五日，葬乾隆帝于裕陵。
1799	嘉庆四年	十月初二日，襄阳教军与清军激战于陕南，首领张汉潮阵亡。
1799	嘉庆四年	十月初六日，襄阳教军**高均德**部在陕西紫阳遭围攻，高均德等被俘。
1799	嘉庆四年	十月十二日，湖北道员胡齐仑以军需银馈送官员，被押京绞死。

颇受关注。后世将其二十余部著作收为《洪北江遗集》传世。

洪泽湖　在安徽、江苏两省交界处，淮河水注入此湖。由于行政区划变动，此湖现在完全在江苏省境内。

高均德（1765—1800）　湖北襄阳三合镇人。乾隆末年入白莲教。嘉庆元年（1796），因被搜捕而率众在本乡起义，旋与王聪儿部会合。次年，入川时又被推举为襄阳白号首领。此后转战于川、陕、楚三省之间。在陕西盘头山与清将德楞泰部交战失败被俘，解至京后处死。

保甲制　县以下的管理基层百姓的组织和制度，清以前就曾实行。清朝于顺治元年（1644）便

1799	嘉庆四年	十月十三日，令于陕西终南山安置流民、垦种，设官管理。
1799	嘉庆四年	十月十五日，谕各省督抚力行**保甲制**，设里长，编户口置门牌。
1799	嘉庆四年	十月二十二日，免成亲王永瑆入值军机处事务。
1799	嘉庆四年	十月二十七日，勒保以贻误军机、懈怠军务等罪被判斩监候。
1799	嘉庆四年	十一月初五日，谕内阁，禁越分建言，微员、平民妄奏者治罪。
1799	嘉庆四年	十一月初六日，建乾隆帝裕陵**圣德神功碑**，嘉庆帝亲撰碑文。

宣布沿用此制，此后更由内地城乡推广到边远地区及沿海、山区，乃至寺庙、店铺等行业中，比历代普及、发展。其制大致是，十户为一牌，立牌头；十牌为一甲，立甲头或称甲长；十甲为一保，置保长。每户置印牌，书该户姓名、人口。牌头、甲长、保长等稽查各户之人的外出及外来人口，以此维持治安及社会统治秩序。

圣德神功碑　又称神功圣德碑，是皇帝陵前赞誉该陵所葬皇帝之生平事迹述其功业的石碑。清代皇帝陵的圣德神功碑用满汉两种文字镌刻。清朝入关后之皇帝，顺治、康熙、雍正、乾隆、嘉庆几个皇帝之陵墓立有圣德神功

1799	嘉庆四年	十一月初十日，清军与四川教军交战，公爵**安禄**阵亡。
1799	嘉庆四年	十一月十九日，严申裁革漕弊**陋规**。
1799	嘉庆四年	十一月二十四日，谕京、外各官，严惩作恶之**书吏**。

碑，道光以后诸帝未立。

安禄（？—1799） 镶黄满洲旗人，多拉尔氏，乾隆年间之勇将一等超勇公海兰察之子。曾从征廓尔喀，赐巴图鲁勇号。乾隆五十八年（1793），袭其父公爵，擢头等侍卫。嘉庆四年（1799），押解军饷赴四川，从额勒登保军镇压白莲教，突袭中阵亡。

陋规 指官员以种种名目多征的额外税收，以及收受的规礼钱财。清代，由于地方官府行政经费不足，官员薪俸较低，便以征收火耗、浮收、勒折等手段加征赋税。关差则可得到关税的部分盈余银。非经征赋税的官员，其陋规主要得之于官吏的馈送。依恃官府的富商、绅衿，也须向有关官员馈送。陋规之加征与收受，是清代官员贪污及行贿的主要形式。

书吏 中央及地方各个衙署中充任公文收发、造册、缮写、存查旧档等一般文职性杂务的人员。由招募考取，任期五年即须退职，或再考取职官，或回原籍。书吏不属官员，而数量大大超过官员。由于官员之怠政及某些官员行政能力低下，一些书吏因此而得以凭借其经手之政务营私舞弊，这也是清代吏治败坏的一个重要原因和表现。

1799	嘉庆四年	十二月初一日，**国子监祭酒法式善**建言时政被解任。
1799	嘉庆四年	十二月初三日，增加漕船准带土产之数并免税，以增**漕运旗丁**收入。
1800	嘉庆四年	十二月十三日，命清厘山东省**漕帮旗丁经费陋规**。

国子监祭酒　国子监是国家最高学府，设于京城，入学者为贡生、监生。清代国子监还兼管八旗子弟入学的八旗官学。祭酒是国子监之长官，满、汉各一人，从四品官。

法式善（1753－1813）　本名运昌，内务府正黄旗蒙古人。乾隆四十五年（1780）中进士，入翰林。曾参与编修《四库全书》。五十八年，升为国子监祭酒，任职六年。被认为是与盛昱并称的清代最有才能的旗籍祭酒。嘉庆六年（1801），任侍讲学士，参与编纂《国朝宫史续编》。十一年，因修书中出现疏漏而被贬官。十五年，调入上书房，并参与编修大型丛书《全唐文》及《国朝文颖续编》，在《全唐文》完稿前因病致仕。法式善一生多在翰林院等文苑衙门任职，因职之便得博览文献图籍，遂据其见闻录成《槐厅载笔》、《陶庐杂录》、《清秘述闻》等著述。同时，法式善还是一位杰出的诗人，著有《存素堂诗集》及《梧门诗话》等。

漕运旗丁　负责运送漕粮的兵士，也称运丁、运军，每船一名，由漕运卫所的军丁中拣选。每船之漕运旗丁再自己雇用水手，运送漕粮。

1800	嘉庆四年	十二月二十六日，应两广总督吉庆奏请，于广东**电白县**兴平山、**虎门**海口增建炮台。
1800	嘉庆四年	十二月二十七日，谕各省督抚，不得以属员留为**幕宾**，并禁幕宾外出与地方官往来。
1799	嘉庆四年	是年，学者**江声**、**武亿**卒。
1799	嘉庆四年	是年，普免全国积年逋赋。

漕帮旗丁经费陋规 清代的漕粮运输，采取官收官兑承包给运丁（又称漕运旗丁）运送的方式，即由收漕粮的州县将所收漕粮兑交给运丁，同时补贴给运丁运送中的各种费用。由于运丁在沿途受到各级衙门官吏的需索，需要以钱打点，致使运费大增，运丁便转而向收漕粮、兑漕粮者索要，增加补贴，否则拒兑。收兑漕粮者便加征于纳漕粮之民户。以致运漕粮之补贴费用大大增加，百姓不堪其苦，也败坏漕粮征运方面的吏治，因而清中央曾多次下令清厘这方面的陋规。

电白县 在广东省西南部沿海，属高州府。今仍称电白县。

虎门 在广东省珠江三角洲之东南侧，广州东南约五十公里处，为珠江口要塞之地。

幕宾 又称幕友、幕师、幕府、西宾等，俗称“师爷”，主要为地方各级衙署长官如总督、巡抚、布政使、按察使、道员、知府、知州、知县等私人雇用的行政助手。浙江绍兴人从事这种职业者较多，故有“绍兴师爷”之称。清代地方官员雇用幕宾颇为盛行，幕宾于行政事务较为熟谙，尤其是刑事、财务方面，还有专业的刑名师爷、钱谷师爷，所以他们对官员行政有较重要的

1800	嘉庆五年	正月初九日，谕各省州县清查仓库亏欠不宜过急，并指出清查中的各种弊端。
1800	嘉庆五年	正月十三日，户部奏，各省积欠，自嘉庆三、四年以来不下二千余万两。
1800	嘉庆五年	正月十五日，四川教军**冉天元**等部进入川西地区。

辅助作用，但也有不讲“幕德”的“劣幕”营私舞弊，或与长官狼狈为奸，败坏吏治。

江声（1721－1799） 字叔澐，晚号艮庭。江苏元和（今苏州市）人。江声性耿介，不慕荣利。师从著名经学家惠栋，潜心经术，并深谙校勘之学。自乾隆二十六年（1761）起，研究《书经》，他集汉儒之说，旁及他书，历十三年苦功，完成《尚书集注音疏》，并以篆书刊行。此后又助毕沅编撰《释名疏证》。嘉庆元年（1796），由江苏巡抚费淳举为孝廉方正，诏赐六品顶戴。四年，卒于家，年七十九。江声好古，往来书信皆用篆书。又喜研文字，撰有《六书说》，对汉字的起源与分类作了系统分析。另存有《艮庭词》、《论语竢质》、《恒星说》等著述。

武亿（1745－1799） 河南偃师人。乾隆四十五年（1780）进士，五十六年，任山东博山县知县，创办范泉书院，并讲学。为政清廉爱民，被称为“好官”。武亿学间醰粹，尤长于经学及金石学，且勤于著述，有《群经义证》、《金石三跋》、《金石文字续跋》、《三礼义证》等多种。

逋赋 指未能征收到的拖欠赋税。

1800	嘉庆五年	正月二十一日，命沿海各省仿广东例，捐造海艇，巡缉海盗。
1800	嘉庆五年	正月二十六日，督促各省督抚力行保甲制。
1800	嘉庆五年	正月二十九日，清军与教军冉天元部交战，死伤甚多，总兵朱射斗战死。
1800	嘉庆五年	二月初一日，释放勒保，命其驰赴额勒登保军营效力赎罪。
1800	嘉庆五年	二月初二日，命沿海各省督抚、**提镇**尽心训练水军。

冉天元（1765—1800）　四川通江人。乾隆六十年（1795），加入白莲教。嘉庆元年（1796），与其叔冉文涛等在通江王家寨起事。后活动于川陕边界，据险抗清。四年，冉文涛阵亡后，冉天元继任通江蓝号元帅。天元勇猛善战，以善设伏著称，在教军中有较高威信，率部屡败清军。曾于苍溪大败清军，打死清副将以下军官二十余名。五年，蓬溪高院场一役，又击毙清军悍将总兵朱射斗。旋于江油乌蹄岗激战中不幸中箭坠马，被俘遇害。

提镇　提督、总兵的合称，二者均为清代统领汉人绿营兵的高级将领。“提”指提督，为统领一省绿营兵的专职武官，从一品。此外还有专统水师的水师提督。“镇”指总兵，正二品，仅次于提督，因所统之兵的驻扎地均称为镇，故又称“总镇”，也以“镇”简称之。提督、总兵初皆以汉人担任，后也间以八旗旗员充当。

乡勇　也称乡兵，为官方或地方

1800	嘉庆五年	二月初五日，贪赃婪索之漕运总督富纲被判绞监候，行贿官员数十名被惩处。
1800	嘉庆五年	二月初九日，令以后用兵省份若再增兵，就近招募**乡勇**。
1800	嘉庆五年	二月初十日，命新疆**阿克苏**等城增铸嘉庆通宝钱，以乾隆钱二成、嘉庆钱八成鼓铸。
1800	嘉庆五年	二月初十日，严禁督抚讳灾不报。
1800	嘉庆五年	二月十五日，肃亲王**永锡**因交结皇子**绵恺**被革职，交**宗人府**议处。

乡绅临时招募的地方武装。遇事招用，驻守本乡，或随官兵作战，事毕则散。这种乡兵的招用始于雍正年间，以后时常实行，道光末年以后有较大发展。乡勇又因地区不同而有乡团、屯练、民壮等不同称呼。

阿克苏 位于新疆塔里木河上游阿克苏河河畔，所管地区也称阿克苏。今仍称阿克苏，在新疆维吾尔自治区西部。

永锡（？－1821） 爱新觉罗氏，肃亲王豪格四世孙。乾隆三十三年（1768），任侍卫，乾隆四十三年，袭肃亲王。嘉庆初年，曾任镶蓝汉军旗都统，署理正黄、镶蓝蒙古旗都统，及管理圆明园官兵事务。嘉庆五年（1800），因皇三子绵恺入学时献陈设玩器而被革去一切职任。死于道光元年（1821）。

绵恺（1795－1838） 爱新觉罗氏，嘉庆帝第三子，侧妃所出，嘉庆帝继位六年后，其生母被册立为皇后。绵恺于嘉庆二十四年（1819）封为惇郡王，次年，道

1800	嘉庆五年	二月二十一日，严饬裁革盐税外之**匣费**。
1800	嘉庆五年	二月底，四川教军冉天元部与清军激战，惨败，冉天元被俘。
1800	嘉庆五年	二月，**蔡新**卒。
1800	嘉庆五年	三月初四日，命各省清查历年积压案件，立期限完结。
1800	嘉庆五年	三月十五日，嘉庆帝下令改陕西兴汉镇为陕

光帝继位后又晋其为亲王，命内廷行走，屡因犯事被处罚。道光十八年（1838），因在府内滥施刑罚，被告发，降为郡王，罢职任，同年卒。

宗人府　管理皇族事务之机构，设宗令总领府事，以左右宗正、左右宗人辅佐，均由宗室王公等出任。负责皇族人口之记录、统计、造册，以及继嗣、婚嫁、教育、养赡、抚恤、袭爵、刑罚、祭祀、入朝进班、纂修族谱《玉牒》等事务。

匣费　指经管盐务的官员向盐商收取的额税之外的费用，也可视作盐商向官员应酬、打点的陋规。

蔡新（1707—1800）　字次明，号葛山。福建漳浦人。乾隆元年（1736）进士，授翰林院编修。十年，入值上书房，旋为上书房总师傅，教习诸皇子四十余年，为乾隆帝所倚重。历任内阁学士，直隶学政，工、刑、兵、礼、吏五部尚书及协办大学士诸职。四十八年，拜为文华殿大学士。五十年，致仕，恩加太子太师。嘉庆五年（1800），辞世，

		安镇，改汉兴道为陕安道。
1800	嘉庆五年	三月二十五日，命清查各省**耗羡银**，遵定制严禁擅自动用。
1800	嘉庆五年	三月二十六日，嘉庆帝谕：**凤凰城**各边外与**高丽**接壤，所关紧要，不可随意裁撤边卡。
1800	嘉庆五年	四月十八日，在陕统兵大员**永保**被判斩监候。

谥为“文端”。蔡新忠诚睿智，循规蹈矩，为旧王朝人臣之典范。著有《缉斋诗文集》。

耗羡银 官府在征收赋税时，需要把散碎银两熔铸成大的银锭上交，经征官员便以熔铸时有损耗为名加征，这部分所征之银称为“火耗”。康熙后期，火耗有加征至五六成、七八成者。雍正朝实行“耗羡归公”，严禁官员多征，并将所征之数作为专项列入财政收入，称之为“耗羡银”，禁止私用，而按规定用以解决官员之低薪及行政开支不足等问题，其中增加的薪金称为“养廉银”。

凤凰城 位于辽宁奉天府东南部，与朝鲜接近。今为辽宁省凤城。

高丽 朝鲜古国之名，公元918年，朝鲜王氏所建，1392年，被朝鲜李氏所灭，但此后仍有以高丽代指朝鲜者。

永保（？－1808） 镶红满洲旗人，费莫氏。初以官学生考授内阁中书，充军机章京。曾从征大小金川。历任贵州、江西、陕西巡抚。乾隆五十一年（1786），

1800	嘉庆五年	四月十八日，河南巡抚**景安**被判斩监候。
1800	嘉庆五年	四月二十日，调直隶、山东两省兵二千名赴河南省参战。
1800	嘉庆五年	四月，北方大旱，京师尤甚，嘉庆帝于二十四日亲自祈雨。
1800	嘉庆五年	闰四月初二日，因多次祈雨不得，命将案犯及其子孙减轻惩处。
1800	嘉庆五年	闰四月初二日，命北京**五城**设厂平粜。
1800	嘉庆五年	闰四月初三日，嘉庆帝命将洪亮吉由伊犁释

署理陕甘总督。寻授塔尔巴哈台参赞大臣。因抚绥有方，升内大臣。嘉庆元年（1796），奉命统领湖北诸军镇压白莲教起义。后因拥劲旅而进剿不力被夺职，逮京下狱。三年，以其兄勒保擒教首王三槐之功，推恩获释。次年，以侍卫衔署理陕西巡抚。与明亮合攻教军张汉朝部，遭败绩，论过当斩，诏免罪，命自备钱物赴乌里雅苏台办事。七年，授云南巡抚。十三年，兼署贵州巡抚。不久，升两广总督，但于赴任途中猝死。

景安（？—1822） 镶红满洲旗人，钮祜禄氏。和珅之族孙。初由官学生授内阁中书。历任山西河南道、甘肃按察使、河南布政使、工部侍郎诸职。乾隆六十年（1795），授河南巡抚。嘉庆元年（1796），参与平定白莲教起义。二年，为攘功，率兵杀戮难民以作捷报，受封三等伯。时教军入陕，景安屯兵内乡，不击不

		放回原籍。
1800	嘉庆五年	闰四月初五日，台湾嘉义县**小刀会**起事，被镇压，首领陈锡宗初九日阵亡。
1800	嘉庆五年	闰四月二十二日，禁民间越境酬神、聚众结会等活动。
1800	嘉庆五年	闰四月二十八日，襄阳教军张汉潮余部在陕西遭夹击，惨败。
1800	嘉庆五年	五月初五日，考试各省所保举之**孝廉方正**。湖南**优贡**严如熤**廷试**第一。

御，坐失战机，为教军讥称“迎送伯”。后因进剿不力、抚治失当被治罪，遣戍伊犁。寻追其冒功之罪，逮京监禁。三年后得释。复自笔帖式起用，历任江西巡抚、内阁学士、户部尚书。二十五年，授领侍卫内大臣，守护昌陵。道光二年（1822），致仕。

五城　北京五城的简称。清代北京城划分为东城、南城、中城、西城、北城等五城，按五城分区管理。

小刀会　清代福建、台湾等地的秘密会社组织，因会众皆置小刀一把，故名。曾多次发动反政府起义。咸丰年间，上海也曾爆发小刀会起义。

孝廉方正　清代科举考试中有一种专门为选拔某种人才的“制科”，由官员推荐，到中央考试选拔。“孝廉方正科”是其中的一种，仿汉代之举孝廉、贤良方正之名。孝廉方正是指被保举者。

优贡　国子监贡生之一种。每三

1800	嘉庆五年	五月十三日，准蒙古**敖汉部**垦荒移居之汉民耕种居住，禁再移入垦种。
1800	嘉庆五年	五月二十八日，命各省颁布《**圣谕广训**》。
1800	嘉庆五年	五月三十日，湖北阵亡之官兵两千多名，家属得赏恤。
1800	嘉庆五年	六月初六日，广东肇庆府阳江县**天地会**被镇压。

年由各省学政从府州县官学（儒学）生员（秀才）中考取优秀者贡入国子监，故称优贡。

廷试　由皇帝亲自（或以皇帝名义）出题，在皇宫殿廷中举行的考试。殿试也称作廷试。

敖汉部　清代漠南蒙古部落之一，牧域在今内蒙古自治区赤峰市以东。其领主为成吉思汗后裔，博尔济吉特氏。此部蒙古在清代受清朝皇帝的册封，而列为藩部，隶属清廷，与清皇家关系较为密切，联姻不断。

圣谕广训　康熙皇帝曾向基层民众颁发《圣谕十六条》，以进行教化。雍正帝又把这十六条作详细的解释和阐发，称《圣谕广训》。内容主要是训导百姓于乡里、宗族、家庭中和睦友好相处，恪遵伦理纲常、仁孝礼义等道德规范，勤于农桑，按规定完成国家赋税，严稽盗匪，维护地方安定等。官府还把这一“圣训”刊刻颁发于基层及地方官学，令士子学习，官员向百姓宣讲。并曾把它列为科举考试的程序性内容。

天地会　清代南方的秘密会社。初为下层劳动者的互助性组织，后因屡遭官府镇压，与清政府矛

1800	嘉庆五年	六月十一日，调黑龙江、吉林兵一千五百名赴湖北、四川。
1800	嘉庆五年	六月二十二日，原四川总督**魁伦**被判死罪，令其自尽，子发往伊犁。
1800	嘉庆五年	六月二十四日，申严**京控**治罪例。
1800	嘉庆五年	六月二十五日，河南省**宝丰县**等地白莲教起兵反清。首领**刘之协**。

盾愈益严重，多次发动反官府起义。嘉庆道光以后，又以反清复明或反满为号召，而且发展出数十种名目的秘密结社系统，各有较严格会规。清后期在广东等地尤为活跃，并发展到海外。

魁伦（？－1800） 正黄满洲旗人，完颜氏。乾隆三十年（1765），承袭世管佐领，授四川漳腊营参将。五十三年，迁至福州将军。以弹劾福建总督伍拉纳渎职贪贿之功，署理总督事宜。任内，严捕海盗，为政有廉声。嘉庆元年（1796），授福建总督。四年，署吏部尚书。时值川、楚、陕白莲教大举变乱，魁伦自荐平乱有方，遂代勒保署总督。后专治四川军事。然川境教军势益盛，过漳河，直逼成都。五年，以屡次失机纵敌，被夺职逮问，解京赐死。

京控 地方上的冤案、冤情，越级而向京城的都察院、通政司、步军统领衙门等机构控告，称为京控。

宝丰县 位于河南省中部，与郏县相邻。今仍隶河南省，沿用旧名称宝丰县。

刘之协（1740－1800） 安徽太和人。乾隆中加入混元教（白莲

1800	嘉庆五年	七月初一日，拨**和阗**官荒地两万余亩与无地回民耕种。
1800	嘉庆五年	八月初三日，滥设衙役勒索民众之四川达州知州戴如煌被惩处。
1800	嘉庆五年	八月十四日，白莲教首领刘之协在叶县被捕，解京，于此日被处死。
1800	嘉庆五年	十月十三日，恢复**宗室科举考试**。
1800	嘉庆五年	十一月十三日，将乾隆五十七年以来缓决死刑犯六千多名酌情减等发落。
1801	嘉庆五年	十一月十八日，严禁王公大臣至军机处与军机大臣接触，以防其探听消息。
1801	嘉庆五年	十一月二十六日，定以后**嫔**以上亲姊妹免**挑**

教支派），拜刘松为师。乾隆四十年（1775）案发，刘松被发配，之协即四处逃匿。五十三年，至甘肃隆德配所，探望刘松，助其将混元教改为三阳教。后于豫皖鄂等省传教。五十九年，与其徒姚之富及王聪儿等商定共同举义。旋因族兄刘起荣案受牵，被扶沟县捕役解往县衙对质。遂乘隙逃脱潜藏。嘉庆五年（1800），在河南参与筹划郏县、宝丰一带白莲教起事，并固守宝丰翟家寨以抗清军。失败后，欲往新野、邓州一带召集同教，行至叶县，为教徒冀大荣告发，被捕遇害。

和阗 新疆塔里木河以南，昆仑山脉以北，称和阗，其西部有和

		秀女。十二年二月后仍令挑选。
1801	嘉庆六年	正月十三日，襄阳教军高天升部被清军围击，死伤惨重。
1801	嘉庆六年	正月二十二日，嘉庆帝命将捐纳得官之大学士庆桂家奴陈连革职、审查。
1801	嘉庆六年	二月二十六日，改湖广提督为湖南提督，另置湖北提督，驻襄阳。
1801	嘉庆六年	二月三十日，嘉庆帝以平白莲教军将次结束，命妥当安置乡勇，以免再流为贼匪。
1801	嘉庆六年	三月初三日，命以后公主之女免挑秀女。
1801	嘉庆六年	三月初七日，陕西地区**悄悄会**秘密起事计划泄露，被清军围歼。

阗城（今称和田市）。

宗室科举考试 清皇族中的觉罗，是与旗人一体参加科举考试，而宗室则单独举行。宗室在清初无科举考试，康熙中期以后间或举行，自嘉庆六年（1801）恢复后一直实行至清末。但仅考一场，且录取率高。这是宗室在科举入仕上的特权。

嫔 清代皇帝诸妻中的一种等级身份之称，位于皇后、皇贵妃、贵妃、妃之下而列第五等。具体到某人，又另予嘉号，如康熙帝之密嫔王氏、勤嫔陈氏，乾隆帝之令嫔魏氏等，令嫔后又晋封为令妃、令贵妃等，乃嘉庆帝生母。

挑秀女 即选秀女，见前述“选

1801	嘉庆六年	三月初八日，严禁百姓采挖**塔尔巴哈台**地区金矿。
1801	嘉庆六年	三月初十日，以剿教军有功，授**杨遇春**为甘肃提督，赏乡勇头目**罗思举巴图鲁**之号。
1801	嘉庆六年	三月十五日，严禁步军统领私役**步甲**。
1801	嘉庆六年	三月二十七日，原给事中尹壮图密折奏请云南巡抚初彭龄留任，被嘉庆帝严厉申斥。

秀女”条。

悄悄会　明末至清民间秘密宗教组织之一，主要活动在陕西、甘肃一带。

塔尔巴哈台　清代新疆的一个行政区，在准噶尔盆地之北部及西北部。原为漠西额鲁特蒙古之地，乾隆中，平定准噶尔部蒙古后，清廷遣大臣驻该地区，隶属伊犁将军。境内有城称塔尔巴哈台城，即今新疆维吾尔自治区西北端之塔城。此行政区的塔尔巴哈台城以西以北之地，现已隶属哈萨克斯坦。

杨遇春（1762—1837）　字时斋。四川崇庆人。乾隆四十四年（1779），武举人。两年后，为福康安所提拔，先后随其镇压甘肃回民起义、台湾起义及反击廓尔喀入侵。嘉庆元年（1796），升任副将，后从额勒登保镇压白莲教起义。五年，以善独立指挥作战，再升为甘肃甘州提督。后转战于甘、陕、川诸省边境。至战乱平定，以功授二等轻车都尉世职。十一年，宁陕兵变，杨氏因对哗变的士兵过于宽容而被降为宁陕总兵。两年后，迁甘肃固原提督，历此职十七年。任内数度平乱，以功授一等男爵。道

1801	嘉庆六年	三月二十八日，福长安因擅请回京治病，由裕陵发往盛京**披甲**管束。
1801	嘉庆六年	三月二十九日，嘉庆帝丧服期满，于裕陵行**释服**礼。
1801	嘉庆六年	四月十五日，册封皇贵妃钮祜禄氏为皇后。
1801	嘉庆六年	四月十五日，禁止官员捐**养廉银**赈济，以防其日后再巧取。

光五年（1825）起，署理陕甘总督，曾助长龄平定张格尔叛乱。十五年，以老病乞休，蒙恩加封一等昭勇侯。杨氏治军善训练，一生大小数百战，皆冲锋陷阵于前，而身无一伤。被嘉庆帝赞誉为福将。身后入祀贤良祠。

罗思举（1764—1840） 四川东乡县（今宣汉县）人，少有胆略，身手矫捷，因贫而入为盗匪，后充乡勇，随清军镇压白莲教，临阵则充为前锋，至嘉庆十一年（1806），因屡次冲锋陷阵，破敌立功，而擢为总兵，曾得嘉庆帝特别嘉奖。道光元年（1821）以后，又历任贵州、四川、云南、湖北等省提督。二十年，卒于官，赐太子太保，谥“壮勇”。

巴图鲁 满语，勇士之义，作战勇敢有功者常被赐予巴图鲁称号。

步甲 清代八旗兵中步兵的称谓，在京城者统辖于步军统领。

披甲 清代八旗旗人当兵，谓之披甲。

释服 古代丧制，为死去的亲属穿丧服，按亲缘关系远近而有一定时期。过此时期脱去丧服，称为释服。

养廉银 清代官员俸禄中的一种

1801	嘉庆六年	四月十六日，湖广总督**书麟**卒于军。
1801	嘉庆六年	四月，取中顾皋等二百七十多人为进士。**戴敦元**曾任此年会试同考官。
1801	嘉庆六年	五月十七日，白莲教军首领徐天德等溺死。
1801	嘉庆六年	六月初一日至初五日，京畿大雨，京城积水，房屋倒塌甚多，永定河决口四处，淹数十州县。
1801	嘉庆六年	六月初九日，直隶总督姜晟因隐匿水灾灾情被革职解京。
1801	嘉庆六年	六月初十日，永定门外设粥厂赈灾民，并命

名目。清代，官员的正额薪俸很低，以致地方官加征赋税而私用，康熙时，主要加征手段是多征“火耗”（见前“**耗羡银**”条）。雍正帝继位后，实行“耗羡归公”，即将所征之耗羡银归入正式财政收入，不得私用，而以其中一部分作为官员俸银，这部分俸银即称为养廉银。京城官员则发予双俸。

书麟（？—1801） 高佳氏，镶黄满洲旗人，大学士高晋子。乾隆年间，曾在平金川之役中立大功。后出任广西巡抚。乾隆五十二年（1787）后，擢两江总督。鄙视柄政之和珅，遭其忌恨中伤。嘉庆四年（1799），诛除和珅，嘉庆帝召其为吏部尚书。不久，又先后任闽浙、云贵、湖广总督。六年，在剿白莲教时，卒于军。书麟为官有清廉公正之称。嘉庆帝特赠其太子太傅，封

		地方官收葬淹死灾民。
1801	嘉庆六年	六月十一日，嘉庆帝以畿辅水患乃上天降灾警示，命清狱减刑。
1801	嘉庆六年	六月二十三日，准王公大臣捐**俸米**赈恤灾民。
1801	嘉庆六年	六月，四川达州教军与清军激战，死伤甚多，多名首领被俘。
1801	嘉庆六年	六月，免直隶受灾州县赋税，停本年秋狝。
1801	嘉庆六年	七月十一日，行**以工代赈法**，以赈灾民。

一等男爵，以其子承袭。

戴敦元（1768－1834） 字士旋，号金溪。浙江开化人。幼有神童之誉。年十五中举。乾隆五十五年（1790），中进士。三年后，任礼部主事。嘉庆二年（1797），转调刑部。至十四年，升为郎中。期间，曾任山西、顺天乡试及会试同考官。二十四年，外放为广东高廉道巡道。道光元年（1821），升为江西按察使，后历任山东布政使、刑部左侍郎等职。十四年，卒于刑部尚书任上。戴氏一生谨言慎行，终朝闭门谢客，以任事勤奋闻名于世。在江西按察使任上，曾于数月内处理积案四千余件。其性喜读书，尤有志于天文、数学，有《戴简恪公遗集》存世。

俸米 王公官员之俸禄，分为俸银和俸米两种，俸米是按比例发予相应数量之米。

1801	嘉庆六年	七月十二日，通谕各省驻防将军、副都统及督抚等，严禁将罪情严重发遣为奴者充当长随。
1801	嘉庆六年	七月，赈热河水灾。
1801	嘉庆六年	八月初三日，命修直隶运河决口处。
1801	嘉庆六年	九月十五日，命续修《**大清会典**》，名学者

以工代赈法　官府赈济受灾百姓，除发放实物外，还常以雇用灾民劳作如修治决口之河发予工钱的方法，解决其生计，称为以工代赈法。

大清会典　清官方所修政书。该典籍是以中央各衙署为目，分别叙述其设官、职掌、制度及实行之事例。制度变更，增加内容，会典也需要续修。清朝的《大清会典》共修五次，分别在康熙、雍正、乾隆、嘉庆、光绪几朝之时。康熙、雍正两朝所修会典沿袭明朝“会典”的体例。乾隆以后，将事例分出，另成一书，称《大清会典则例》。嘉庆以后，这部分所成之书称《大清会典事例》。

俞正燮（1775—1840）　字理初。安徽黟县人。性好读书，过目不忘。年二十余，北上兖州拜见孙星衍，时值孙氏上书朝廷请求为伏生建立博士且复求左氏后裔，俞乃作《左丘明子孙姓氏论》、《左山考》等作。并多为孙氏采用，由此而名声大起。嘉庆十年（1805），以私人身份助友编纂《大清会典》。十五年，佐助编写家乡地方史《黟县志》。道光元年（1821）中举。会试不第后，相继入河道总督张井、湖广总督林则徐幕。期间，曾协助陈

		俞正燮曾参与其事。
1801	嘉庆六年	九月二十五日，河南省已招募新兵五千名，增设各级武官。
1801	嘉庆六年	九月二十六日，驳于承德府平泉州开铜矿之请。
1801	嘉庆六年	九月二十八日，任**李长庚**为福建水师提督。

用光校勘《读史方舆纪要》。晚年应邀主讲南京惜阴书院。俞氏生平除治经外，于史学、诸子、天文、舆地、医学、星象及释道之学，无不探究。其足迹半天下。得书即读，读即有所疏记，著有杂记《癸巳类稿》、《癸巳存稿》及《海国纪闻》等。

李长庚（1750—1808）　字西岩。福建同安人。乾隆三十六年（1771）武进士，授蓝翎侍卫。后出任浙江衢州营都司及福建海坛镇总兵。嘉庆二年（1797），迁为澎湖水师参将。次年，升浙江定海总兵。当其时，海盗猖獗，长庚此后一生即致力于肃清海盗事业。五年，于浙江松门大败安南（今越南）海盗，擒其首领，使安南籍海盗绝迹。六年，升为福建水师提督。九年，总理闽、浙两省水师，屡败以蔡牵等为首的数支较强的海盗。十一年，蔡牵自称镇海王，率百余舰攻台湾，沉舟鹿耳门以阻清援兵。长庚以小舟绕道入台，海战、陆战连败海盗。蔡牵侥幸借台风得脱。十二年底，在海战中，长庚不幸颈部中弹而殁。嘉庆帝闻讯震惊，追封其为三等壮烈伯，赐谥“忠毅”，并于原籍建专祠。身后二年，其部下大败蔡牵，蔡投海而死。长庚治军严

1801	嘉庆六年	九月，定**回疆**银钱比价，每两银准折**普尔钱**二百六十。
1801	嘉庆六年	十月初三日，整治永定河竣工。
1801	嘉庆六年	十月十一日，京城当铺、宛平民人蔡永清赈灾民冬衣八万余件，受嘉赏。
1801	嘉庆六年	十一月初三日，调福建水师提督李长庚为浙江提督。
1801	嘉庆六年	十一月十一日，贵州巡抚**伊桑阿**因骄黩欺罔

明，战略高超，在清著名水师将领中与施琅齐名。

回疆 清代对天山以南维吾尔等族居住地区的称谓。该地区住民皆奉伊斯兰教即所谓“回回教”，所以又称该地区住民为“回部”。

普尔钱 新疆回部地区流通的铜钱，为纯铜所铸，故又称红钱，亦圆形，但中无方孔。

伊桑阿（？—1801） 镶黄满洲旗人，高佳氏。初为笔帖式。乾隆四十年（1775），补授直隶府同知。后历任知府、归绥道、按察使、布政使诸职。五十年，升山西巡抚。任内，奏请挑补兵丁、训练考校等事，均得允行。寻授刑部右侍郎兼副都统、贵州巡抚。曾参与平定贵州松桃地方苗民起事。事平后，虚诳报功。嘉庆六年（1801），调往云南。旋为人弹劾曾于赴黔途中，矫纵勒索，任上拆改衙署、向署员勒派及剿办苗乱饰词冒功数罪。经查实后，处以绞立决。

章学诚（1738—1801） 字实

		被处死。
1802	嘉庆六年	十一月二十八日，命直隶富民将贮粮周济灾民，或减价粜卖，并予嘉奖。
1802	嘉庆六年	十二月初五日，命查自清初以来各省殉节诸臣后裔，予世职，准以生员应试。
1801	嘉庆六年	是年，史学家**章学诚**去世。
1801	嘉庆六年	是年，名学者**顾广圻**应阮元之邀校勘经书。

斋，号少岩。浙江会稽（今绍兴）人。幼时智力较差，但读书甚为用功，尤喜史学。因疏于八股文章，屡应乡试不第。直至乾隆四十三年（1778），才中进士，但未得授官职。学诚一生不得志，为衣食所迫而辗转寄人篱下，多替人修书做幕僚。先后于定州（今河北定县）、保定（今河北保定市）、归德（今河南商丘）等地书院讲学，后投靠湖广总督毕沅，主编《史籍考》及助编《续资治通鉴》。嘉庆六年（1801）病故，年六十四。学诚治学重视史学教育作用，主张史学要"经世致用"，提出"六经皆史"的主张。代表作有《文史通义》和《校雠通义》两种，尤以前者为后人高度评价，将其与唐代刘知几《史通》并提，认为是中国古代史学理论的双璧。在方志的纂修及方志学上也多有创建，著有《湖北通志》、《和州志》、《永清县志》等。

顾广圻（1776—1835） 字千里。江苏元和（今苏州）人。少

1802	嘉庆七年	正月十二日，应湖广总督吴熊光之奏请，以补充兵额为主要安顿乡勇之法。
1802	嘉庆七年	二月十九日，于京南各地增设粥厂以济贫民。
1802	嘉庆七年	三月二十日，严禁漕粮省份州县官**折色**征收。
1802	嘉庆七年	三月，两广总督吉庆严拒接近澳门之英国船登岸。

喜读书，人称万卷书生。乾隆五十五年（1290），从江声习校勘学。顾氏虽才华出众，却因贫困悒郁一生，仅中过秀才。自五十九年起，即寄食一些学者之家为之效力。嘉庆六年（1801），应阮元之邀，至杭州参与校勘十三经，辑成《十三经校勘记》。后又助孙星衍校刻《全唐文》。顾氏学识渊博，于经史、训诂、天文、历算、舆地无不贯通，目录校雠之学尤为专门大师。一生为人校勘过百余部各类书籍，较重要的是校宋本《说文》、《礼记》、《国策》、《文选》及《韩非子》诸书，且皆为之札记，而有益后学。乾嘉间校雠名家，以顾氏与卢文弨最为著名。著有《思适斋文集》。

折色　赋税之征收，征实物，称为征"本色"，若将实物改折成银钱，称为征"折色"。

陶澍（1779—1839）　字子霖，号云汀。湖南安化人。嘉庆七年（1802）进士，授翰林院编修。十九年，升为御史，任内克尽职守，曾弹劾吏部重签、河工冒滥及外省吏治积弊等事。二十四

1802	嘉庆七年	四月二十五日，取中吴廷琛等二百四十八人为进士。名臣**陶澍**、名学者**朱珔**均为此科进士。
1802	嘉庆七年	四月二十九日，密谕四川、湖广二地总督，严查抢掠买卖妇女之棍徒。
1802	嘉庆七年	四月，山东省**金乡县**发生四百余**童生**拒考**府试**事件。

年起，出为地方官。此后二十年间，于四川、山西、安徽、江苏诸省累居要职，官至两江总督。陶澍为官，实心任事，不避嫌怨，于海运漕粮、盐政改革等方面颇多建树。道光十九年（1839）病卒。撰有《印心石屋文钞》、《蜀辅日记》、《陶云汀奏疏》等。

朱珔（1769－1850）　字兰坡。安徽泾县人。嘉庆七年（1802）进士，授翰林院编修。后任侍读学士。十八年起，受命主修《明鉴》，历五年书成。因此书涉及晚明时满洲之处，触犯本朝讳，而被降为编修。后曾两任会试考官。道光元年（1821），入值上书房，屡蒙嘉奖，提升为右春坊右赞善。次年，以母老为由请辞归乡。从此专志育才，先后任教于南京钟山、苏州正谊及紫阳等书院。朱珔爱书如命，主讲习近三十年，教学以通经学古为先。其经学成就与姚鼐、李兆洛相当。著有《说文假借义证》、《经文广异》及《小万卷斋集》等，并辑有一部清代古文作家的选集《国朝古文汇钞》。

1802	嘉庆七年	五月二十七日，申谕各省，严禁赋税征收时**勒折**。
1802	嘉庆七年	五月，襄阳教军首领**樊人傑**溺死。
1802	嘉庆七年	六月初，自上月以来，直隶陆续出现蝗灾。
1802	嘉庆七年	六月初五日，兵部尚书汪承霈奏请暂停本年秋狝，被责。
1802	嘉庆七年	六月初五日，以奉天、山东、河南等省麦季丰收，令近京税关严禁留难需索粮商，以使商运畅通，京畿粮多价平。

金乡县　在山东省西南部，属济宁州，今仍称金乡县。

童生　明清科举制度，凡想考取生员（秀才）而参加考试的考生，不论年龄大小，都称为童生，或称儒童、文童。

府试　清代的童生考取生员，须经三次考试，第一次为县级的“县试”，通过者方可参加第二次的府级考试，称为“府试”。府试被录取者，参加第三次的“院试”。经这三次筛选，优者录取为生员。

勒折　官吏加征赋税的一种手段。如百姓应交税银，若以制钱交纳，须按当地当时的银钱比价折算交多少钱，经征官吏便以银钱比价经常变动为借口，以高于当时的比价折收，称为勒折。

樊人傑（？—1802）　湖北襄阳人，嘉庆元年（1796），与王聪儿等率白莲教众于襄阳起义，后被推为襄阳教军之黄号首领。王聪儿等死后，率部与四川教军

1802	嘉庆七年	六月二十一日，因上年永定河决口，令乾隆三十八年以后历任管河官员摊赔河工银四成，共三十八万八千多两。
1802	嘉庆七年	六月，湖北**汉水**泛滥，十州县受灾。
1802	嘉庆七年	六月，学者**张惠言**去世。
1802	嘉庆七年	七月十五日，督令额勒登保、德楞泰加紧剿平陕西、湖北教军残部。
1802	嘉庆七年	七月十五日，令八旗都统饬所部官兵崇俭戒奢。

联合。七年，与清德楞泰一军交战，溺水而亡。

汉水　湖北省境内之一条河流，为长江中游之支流，由湖北省西北部向东南流至汉口而汇入长江。

张惠言（1761—1802）　号茗柯。江苏武进（今常州）人。幼孤贫寒，由叔父资助读书。年十四，即为童子师。乾隆五十一年（1786）中举。次年，于景山官学任教习。嘉庆元年（1796）起，在安徽歙县教书。四年，得中进士。后历任实录馆纂修官、武英殿协修、翰林院编修等职。七年，染瘟疫猝亡。张氏以善书法著称，尤工篆书。其经学出于惠栋，并曾从金榜问学，尤其精研《易》、《礼》，著有《周易虞氏义》、《读仪礼记》及《仪礼图》等。张氏亦工词及散文，为常州词派创始人；其散文简练，与恽敬同为阳湖派之首。还著有《茗柯文编》、《茗柯词》等。

1802	嘉庆七年	七月二十日，嘉庆帝首次木兰秋狝，此日启程，命仪亲王永璇、大学士保宁等留京办事。
1802	嘉庆七年	七月二十四日，重申平教军后妥善安置乡勇。
1802	嘉庆七年	七月二十六日，嘉庆帝接奏报，陕西消灭白莲教军最大一支残部。
1802	嘉庆七年	八月初一日，日食，本月又将有月食，嘉庆帝以一月内日月食同现而反省，并命内外官员指陈政事得失。
1802	嘉庆七年	八月初六日，命额勒登保统兵赴湖北歼教军残部。

博罗县 位广东省中南部，广州城东一百公里左右处。辖于惠州府。今仍称博罗县。

会盟 清廷统治蒙古各部旗的一种制度。清廷将蒙古各部编为"旗"的管理组织，每旗任命一名"扎萨克"，为总掌管者，并将就近若干部旗组成为盟，设盟长、副盟长，本盟各部旗扎萨克王公定期于某处聚会，由盟长主持，按中央政令，处理一些共同性事务，称为会盟。某些时期中央还派朝廷大员参加。

卡伦 满语，指哨卡、哨所。清朝之东北、北部、西北等边境及东北封禁区所设置的哨卡，均称卡伦。派兵丁驻守、稽查。

蒙古律例 清代用于蒙古地区的法律条文。内容包括设官、编审户丁、兵役差徭、畜牧、宗教、

1802	嘉庆七年	八月初八日，广东**博罗县**天地会起事反清。
1802	嘉庆七年	八月十一日，恢复派遣朝廷大员与蒙古**会盟**例。
1802	嘉庆七年	八月十一日，定十年一次巡察与俄罗斯交界**卡伦**之例。
1802	嘉庆七年	九月初六日，于**《蒙古律例》**中增**留孤养亲条例**。
1802	嘉庆七年	九月十九日，博罗县反清天地会被镇压。
1802	嘉庆七年	九月二十六日，广东**永安县**天地会反清起事，十月中旬失败。
1802	嘉庆七年	十月十三日，禁**番役**子孙应试为官。

朝贡、会盟、军事、哨卡、缉盗、审案等方面之法规及违反各种规定的刑罚等。它是根据蒙古地区的特殊情况而制定的。

留孤养亲条例　汉族王朝法律，被判死刑者若是孤子，因处死后，其父母年老便无人孝养，因而规定可据具体情况，免予死刑，以留养父母，这是体现孝道精神。原实行于蒙古的法律中没有这种规定，嘉庆时期增入，是将汉族儒家的孝道实施于蒙古的法律之中。

永安县　与前述博罗县同属广东惠州府，在博罗县东北一百公里左右处。今称紫金县。

番役　指京城步军统领衙门、内务府慎刑司中充任缉捕的吏役。清廷将这种人员与各衙门中的皂隶等贱民同等看待，身份地位低

1802	嘉庆七年	十月十四日，禁军营将奖赏官兵银数列入军需报销。
1802	嘉庆七年	十月二十五日，禁坊肆刻印《水浒传》、《西厢记》等小说，刊播者烧毁。
1802	嘉庆七年	十一月十五日，奏请进献新疆和阗玉之大臣被严厉申斥。
1803	嘉庆七年	十二月十七日，嘉庆帝以白莲教反乱被平定，至寿皇殿行礼。
1802	嘉庆七年	是年，学者**王文治**去世。

于一般平民，所以不准其子孙应试为官。

王文治（1730－1802）　字禹卿，江苏丹徒人。天资聪慧，十二岁能诗，且工书法。青年时随朝廷使节出使琉球，其文字因之远播海外。乾隆二十五年（1760）殿试，高中探花。历任翰林院编修、侍读学士、云南临安知府。三十二年，因下属失职被罢官，从此弃绝仕宦生涯，隐居生活。先后主讲于杭州崇文书院等多所书院。四十五年，出家为僧，法号“达无”。文治才华横溢，其诗名与袁枚相当，书法与刘墉齐名。又嗜音乐戏曲，曾助人编选《纳书楹曲谱》，又收养童伶，教之度曲，随其漫游。嘉庆七年（1802）辞世。著有《梦楼诗集》。

伊犁将军　新疆地区的最高军政长官，驻惠远城。始设于乾隆二十七年（1762）。总掌天山南北各地驻防八旗、绿营官兵及各民

1803	嘉庆八年	正月十一日，**伊犁将军**松筠奏请于**惠远、惠宁**两城令八旗驻防旗人耕种，允准。
1803	嘉庆八年	正月十六日，嘉庆帝允准将嘉庆元年至八年御制诗编为初集刊刻。
1803	嘉庆八年	二月，休致大学士王杰上疏，详析各省亏空、驿递之弊。
1803	嘉庆八年	二月，浙江水师提督李长庚于定海洋面击溃蔡牵船队，追至福建洋面。
1803	嘉庆八年	闰二月二十日，发生**嘉庆帝遇刺案**。**拉旺多尔济、丹巴多尔济**救驾。

族事务。

惠远、惠宁　惠远城，在今新疆维吾尔自治区霍城县，为伊犁将军所驻之城，全新疆之首府。建于乾隆二十八年（1763）。光绪八年，又于旧城之北十五里处建新城。惠宁城在惠远城东五十里处。惠远、惠宁二城都是清军驻扎之处。

嘉庆帝遇刺案　嘉庆八年（1803）闰二月，嘉庆帝外出回宫，驾至神武门内，突遇陈德父子执刀行刺。御前侍卫大臣等拚死救护，擒住陈德父子。事后，陈德被凌迟处死，其子也处以绞刑。守卫皇宫大门的十七名负责官员及诸护军受到严惩。

拉旺多尔济（？—1816）　漠北蒙古赛因诺颜部人，博尔济吉特氏，超勇亲王策凌之孙。乾隆三十五年（1770），娶乾隆帝第七女固伦和静公主，授固伦额驸。次年，袭扎萨克和硕亲王。长住北京，在朝中任职，先后担任过

1803	嘉庆八年	闰二月二十五日，制定规条，着力加强紫禁城之门禁及安全保卫。
1803	嘉庆八年	三月十七日，定**翻译乡试、会试**与普通乡试、会试同时举行。

领侍卫内大臣、御前大臣、八旗都统等职。曾与大学士舒赫德领兵剿山东白莲教起义。其妻和静公主与嘉庆帝乃同母姊弟，因而拉旺多尔济被嘉庆帝倚为近臣，在御前任职，随时办理皇帝委派的职差。死于嘉庆二十一年（1816）。

丹巴多尔济（？－1813） 漠南蒙古喀喇沁左旗人，乌梁海氏。自幼随父扎萨克贝子扎拉丰阿额驸在北京居住，并曾接受宫廷教育。乾隆三十五年（1770），娶乾隆帝孙女，封固山额驸。四十八年，袭其父扎萨克贝子爵。乾隆、嘉庆两朝，曾先后任御前大臣、领侍卫内大臣、八旗都统、护军统领、銮仪卫大臣及京城税关监督等十几种职务。嘉庆八年（1803），舍身擒拿刺杀嘉庆帝的凶手陈德，身负重伤，因护驾有功，晋封多罗贝勒。卒于嘉庆十八年，嘉庆帝闻讯备感伤痛，亲临其丧，并破例在其墓前立碑，御撰碑文表彰。又追封其为郡王。

翻译乡试、会试 清代专为八旗旗人设置的科举考试，考试内容为翻译清文（满文）、蒙古文，以清文作文等。也有相当于省、部两级考试的乡试和会试，以及比翻译乡试低一级的翻译童试。清朝的公文因多处需要清文、蒙文，尤其是理藩院与蒙古各部旗的往来公文，主要是用这两种文字，因而要

1803	嘉庆八年	三月二十三日及二十四日，因京畿大旱，嘉庆帝接连两日亲自祈雨。
1803	嘉庆八年	四月初二日，命续行缮办《**四库全书**》，仍以**纪昀**总其事。

培养并选拔这方面人才。

四库全书 乾隆时期官方编纂的大型丛书。以内容和体裁而分为经、史、子、集四大部分，故称《四库全书》，所收为先秦至清乾隆时期之书。书成后又抄为七份，分别收藏于北京的文渊阁、圆明园的文源阁、承德文津阁、盛京文溯阁、杭州文澜阁、镇江文宗阁、扬州文汇阁。后选经战乱，焚毁散失严重，仅文津阁一部保存完整，文渊、文溯、文澜三部有不同程度损失，经后人抄补、搜集，基本齐全。由于各阁之书在抄写过程中有抽、补情况，所以卷帙不尽相同，以文津阁所藏计，共收书三千五百零三种，七万九千三百三十七卷。《四库全书》之编纂历经十年，征集全国已刊书及抄本，且该全书为丛书，所收之书皆全本抄入，所以对古代图书之保存贡献甚大。但由于审查所征之书时，对不利于满族统治等内容的书籍又焚毁甚多，所以又造成相当大的损失。

纪昀（1724－1805） 字晓岚，号石云。直隶献县（今河北献县）人。乾隆十九年（1754）进士。先后任编修、日讲起居注官、侍读学士等职。三十八年，由大学士刘统勋举荐为《四库全书》馆总纂修官，并主持编写《四库全书总目提要》，纪昀毕生心血皆倾注在这部中国历史上最浩博的丛书上。书成后，升任

1803	嘉庆八年	五月初二日，重申：除只身往关外贸易、佣工外，携眷出关往东北者仍禁止。
1803	嘉庆八年	六月初十日，定黄河、运河之临时抢修工程，可于兴工后再造预算银两详细具奏。
1803	嘉庆八年	六月十三日，严厉申斥中央地方各衙门办事拖延怠弛。
1803	嘉庆八年	六月十六日，严令各省查补钱粮亏空。
1803	嘉庆八年	六月二十六日，改**安南**为越南，封阮福映为国王，并遣使往封。
1803	嘉庆八年	六月，直隶、河南两省部分州县出现蝗虫为害。

左都御史，后再升礼部尚书。嘉庆元年（1796），调任兵部尚书。十年，授协办大学士，加太子少保。不久故去。谥为“文达”。纪昀学识渊博，识力甚高，对经、史、子、集及医、卜、词、曲等类书籍，多能识得失之处并作中肯评价。又好稗官小说，兴趣极广。其性诙谐，胸怀坦率。传世著述，除遗集外，尚有《阅微草堂笔记》等。

安南　越南之旧称，主要指顺化以北地区。嘉庆八年（1803），改称越南。

岳起（？—1803）　镶白满洲旗人，鄂济氏。乾隆三十六年（1771）举人。初为笔帖式，历任户部员外郎、侍讲学士、奉天府尹等职。五十七年，升内阁学士，兼礼部侍郎。次年，出为江

1803	嘉庆八年	七月十七日，福建漳州府因发生大规模宗族械斗，该管官以失职漠视被革职，发遣新疆。
1803	嘉庆八年	七月二十日，嘉庆启程去热河木兰秋狝。
1803	嘉庆八年	七月三十日，原江苏巡抚、署两江总督**岳起**病故。
1803	嘉庆八年	八月初九日，因裕陵出现工程质量问题，惩处督办大臣。
1803	嘉庆八年	八月十五日，因**围场**野兽甚少，停止行围，并斥责管理围场官员。
1803	嘉庆八年	九月十六日，工部尚书彭元瑞卒。

西布政使，居官勤谨，亲自查勘受淹堤坝，落水染疾。嘉庆四年（1799），授山东布政使。不久，升江苏巡抚。任内，清查漕运积弊，禁游船声伎，使吴下奢靡之风为之一变。五年，署理两江总督，查办舞弊官员，借帑兴河工。其操守清洁，为当时督抚之冠。八年，入京陛见，因病留京，署理礼部右侍郎，不久病故。

围场　清代举行围猎的场所，最大者在承德以北，周围达一千多里。设于康熙二十年（1681）以后。康熙、乾隆、嘉庆三帝在这里举行大规模的围猎活动，藉以训练八旗兵，接见少数民族贵族。官方对围场实行严格管理措施，禁止私猎及私伐树木。康乾时期，围场内丛林茂密，野兽较多。道光以后，清帝不再围猎活

1803	嘉庆八年	九月，黄河于河南省封丘县决口，水漫山东省西部、北部及直隶南部。
1803	嘉庆八年	十月初三日，定**阿拉善蒙古吉盐**营销山西章程。
1803	嘉庆八年	十月十一日，因修黄河决口需巨额工程费用，开捐纳之**暂行事例**。
1803	嘉庆八年	十月二十六日，定青海蒙古人与番族地界及交易章程等。

动，管理松弛，围场之生态环境也渐遭破坏。

阿拉善蒙古 或称阿拉善和硕特蒙古旗、阿拉善额鲁特蒙古旗，原为漠西额鲁特蒙古和硕特部，游牧于天山以北，后迁徙至黄河河套以西，故又称西套（或套西）阿拉善蒙古。其领主姓博尔济吉特氏，乃成吉思汗之弟哈布图哈萨尔的后裔。该旗蒙古与清廷关系较为密近，有经常驻京之王府，与清皇家世代结姻，互相嫁娶，对清廷稳固西部地区统治曾起一定作用。

吉盐 吉兰泰池盐之简称。在阿拉善蒙古旗内，该盐池面积较大，储量丰富，且易采运。所产之盐外销甘肃、陕西、山西等地。

暂行事例 清代捐纳制度中的一种形式，主要在国家遇到战争、治河、赈济灾荒等事件需要数额较大的开支，而国家财政困难时实行。这种开捐，收纳数额较大，捐者得实官而不是荣誉职衔、入仕资历等。因只遇特殊情况才实行，事毕即停止，故称暂行事例。

上控 指越级上诉，如州县官所

1803	嘉庆八年	十一月十八日，重申乾隆四十九年谕旨，禁将**上控**案件发原审官办理。
1804	嘉庆八年	十一月二十五日，再申严禁番役子弟入仕应试。
1804	嘉庆八年	十二月初二日，命国史馆纂修**《高宗纯皇帝本纪》**。
1803	嘉庆八年	是年，学者**赵怀玉**退出官场，此后致力于编纂书籍及讲学。

审断之案，民人不服，而到府、省级衙署中去控诉，乃致到中央都察院等机关申诉等。

高宗纯皇帝本纪 本纪，是王朝正史即纪传体史书中的“纪”，按时间顺序简要记载各皇帝在位时的大事，称为“××皇帝本纪”。《高宗纯皇帝本纪》是嘉庆朝国史馆为乾隆皇帝所修的本纪。

赵怀玉（1747－1823） 字亿孙。江苏武进（今常州）人。少时即以文才称著于世，与孙星衍、洪亮吉等人相埒。乾隆四十五年（1780），应特试中举，授内阁中书。曾参与编修《四库全书》三年；期间，抄录一部《四库全书简明目录》，后携回南方刊出。嘉庆五年（1800），出任山东青州府同知。两年后，相继出任本省登州、兖州知府。八年，其父逝去，怀玉返乡守制，从此不再入仕。十年，应邀赴上海协编《宋辽史详节》。翌年，又赴扬州参与编修《扬州图经》。十二年起，相继主讲江苏通州文正书院、西安关中书院及浙江湖州爱山书院等多处地方。

1803	嘉庆八年	是年，统计全国人口三亿零二百二十五万六百七十三人。
1804	嘉庆九年	正月十九日，嘉庆帝接到奏报，蔡牵船队至吴淞口，劫商船四十多艘。
1804	嘉庆九年	二月初二日，定台湾官兵，**千总**、**把总**、**外委**等官用本地人，兵仍按旧例，由内地定期调取换班。
1804	嘉庆九年	二月初七日，申禁八旗汉军女子**缠足**、穿衣袖宽大华丽之汉人服装。

著有《有生斋文集》。

千总 清代绿营兵之领兵官，正六品。绿营兵之“营”，下分若干“哨”，每哨之兵由千总统领。

把总 清代绿营兵的领兵官，正七品。绿营兵之“营”，下分哨，哨下分“司”，每司之兵由把总统领。哨、司又统称为“汛”，为绿营兵的基层组织，所以千总、把总都是“汛”一级的武官，品秩较低。

外委 清代绿营兵的低级武官，又分三种：外委千总，正八品；外委把总，正九品；额外外委，从九品。职掌与千总、把总同。

缠足 中国古代汉族妇女的一种陋习，用布把脚裹小，以此为美。满族入关后其妇女也沾染此习，皇帝下令禁止。汉族女子缠足习俗在民国以后才逐渐废绝。

佐领 又称“牛录”，是清代八旗的基层组织。若干佐领组成一参领（又称甲喇），几个参领

1804	嘉庆九年	二月十三日，命将编为佐领及安置各地的原安南人送回越南。
1804	嘉庆九年	三月十三日，嘉庆帝谒明帝陵墓，于**长陵**奠酒。
1804	嘉庆九年	三月二十七日，修河官员奏报黄河决口修复工程竣工，河归故道。
1804	嘉庆九年	四月十六日，禁内地民人往乌里雅苏台北面等处贸易。
1804	嘉庆九年	五月十九日，**铁保**将清初以来旗人诗作汇为一集呈进，嘉庆帝为之命名《**熙朝雅颂集**》。

组成一旗。佐领所设之长官也名“佐领”，管理本佐领下各种事务。

长陵 位于北京西北郊昌平县北，是明成祖朱棣的陵墓，此陵也是明朝皇陵十三陵中的祖陵。始建于明永乐七年（1409）；永乐二十二年，葬入明成祖；宣德二年（1427），陵上建筑才全部完成。

铁保（1752—1824） 正黄满洲旗人。其家多出武将，而铁保独喜文。乾隆三十七年（1772），成进士，授吏部主事。累迁为侍郎。嘉庆四年（1799），出任漕运总督，详定改革漕运章程。八年，任山东巡抚。时值黄河封丘段决口，淹及下游山东十九州岛县。铁保亲临指挥救灾，并不计地域拨银三十万两赴河南以助黄河合龙。十年，升任两江总督。任内，属下某知县贪污杀人，铁保因疏忽未报被夺职。于十四年遣戍乌鲁木齐。次年，被起用

1804	嘉庆九年	五月二十七日,再次谕令督抚妥善安置乡勇。
1804	嘉庆九年	五月，蔡牵船队驶至台湾鹿耳门偷袭抢掠。
1804	嘉庆九年	五月及三月，于新疆拨地与回民耕种。
1804	嘉庆九年	六月十一日，吏部书吏舞弊案发，该部多名官员被革。
1804	嘉庆九年	六月二十七日，命李长庚总统闽浙两省水师

为参赞大臣，驻喀什噶尔。十八年，授礼部尚书，后调吏部，条陈时政，多见施行。但翌年又因在喀什噶尔错杀穆斯林案被弹劾，再被遣戍，发往吉林。四年后获赦回京供职。道光元年（1821）离任。铁保颇负文名，著有《惟清斋全集》；并曾受命编纂一部辑宗室、旗人诗作之专集《熙朝雅颂集》。同时，他还是位著名书法家，刻印有《惟清斋字帖》。

熙朝雅颂集　诗集名称，共一百三十四卷，铁保所辑，收录清初至嘉庆初年满族宗室王公及八旗满洲、蒙古、汉军旗人五百三十多名作者的六千多首诗作，每名诗人都有简单传记，对一些诗作也有评析。

英和（1771－1839）　内务府正白满洲旗人。乾隆五十八年（1793），中进士，入翰林。嘉庆四年（1799），和珅被诛后，因英和曾拒绝与和珅缔结姻亲而蒙恩升内阁学士。一年后，出任礼部侍郎。六年，兼内务府大臣。九年，再兼军机大臣。十七年，因参撰《高宗圣训》有误，被降为内阁学士。次年，遇天理教林清攻击皇宫，英和兼任步兵统领，带兵追捕并活捉林清，

		缉捕蔡牵。
1804	嘉庆九年	六月，授**英和**为军机大臣。
1804	嘉庆九年	七月十八日，**宝泉局亏短铜斤案**发，多名官员被惩处。
1804	嘉庆九年	七月二十八日，应伊犁将军**松筠**之请，将该地由遣犯屯种之地拨给六千户回民耕种。

因功升工部尚书。自道光元年（1821）以后，英和屡遭贬官，至八年，又因所监修的在位皇帝陵墓浸水而获罪，充军黑龙江。至十一年赦返。期间，英和对该省齐齐哈尔的情况进行研究，写成《卜魁纪略》、《卜魁城赋》二书。晚年，英和将其著收为八种，总名《恩福堂全集》。

宝泉局亏短铜斤案 宝泉局是户部下属的鼓铸铜钱的机构，设监督二人，掌监收铜铅及鼓铸等事，设大使一人，掌管库藏。嘉庆九年（1804），查出该局自嘉庆四年以来，由于书吏之串通舞弊，铸钱之铜亏短多达七十余万斤。历任监督因收受了书吏等馈送银两，并不认真稽查，甚至有所察觉也佯为不知。案发后，处死舞弊书吏，有关官员十人被惩处，有的发遣伊犁，有的发往热河充役，有的降职或降级留任。

松筠（1752—1835） 正黄蒙古旗人。青年时以翻译任职理藩院，后累迁至内阁学士。乾隆五十年（1785），奉命赴库伦，任办事大臣，处理中俄边界贸易纠纷。五十七年，与俄使臣签订《新恰克图条约》，解决了边界争端。返京后，任军机大臣。五

1804	嘉庆九年	七月，京畿发生蝗灾。
1804	嘉庆九年	七月，嘉庆帝赴热河木兰秋狝，因鹿只稀少而停止。
1804	嘉庆九年	八月初三日，清查以前之滥支军需事，追罚福康安、和琳、毕沅等。
1804	嘉庆九年	九月初五日，以川、楚、陕三省教军残余清剿净尽，奖赏额勒登保等官。
1804	嘉庆九年	九月初五日，三省剿教军战事，先后九载，

十九年，调任驻藏大臣，历时五年。并撰成《西藏图说》、《西招图略》等有关藏史著述。嘉庆四年（1799），出任陕甘总督，参与镇压白莲教起义。七年，任伊犁将军。任内主持流放学者编成一部新疆地方志，御赐书名《新疆识略》。十四年起，历任陕甘、两江、两广总督等职。十八年，复为伊犁将军，授武英殿大学士。道光元年（1821），任左都御史、军机大臣。后两任两江总督。十四年，致仕。松筠为官清正廉明，历仕三朝，名满海内，尤以治边功最多。身后入祀伊犁名宦祠。

知县孙廷标纵凶舞弊案 广西省武缘县人黄鸾翙将黄文炀戳伤致死。该县知县孙廷标以死逾三十多日，令报为因病身故，且将行凶铁器改为竹器，故纵凶手。其家人曹诗也向凶手索要银两，许诺从轻办理。死者亲属黄万镠以冤情上诉，复审者回护原审知县孙廷标。且孙廷标为掩盖其罪过，又私自开棺验尸，毁尸灭

		军费银达二亿两。
1804	嘉庆九年	十月十八日，广西武缘**知县孙廷标纵凶舞弊案**被处绞刑。
1804	嘉庆九年	十一月二十四日，以京城及外省**钱价**腾贵，令严查私毁者及是否有短铸现象。
1805	嘉庆九年	十二月十六日，因广东潮阳县发生**宗族械斗**，派官前赴审办。

证，反坐告状者黄万镠毁尸诬告，判其绞监候。黄万镠之子黄会溱又至省里喊冤控诉。巡抚百龄审出实情，上报嘉庆皇帝。嘉庆帝又派人前去会审。后经军机大臣会同刑部审明，将知县孙廷标及凶手均处以绞立决。回护之官员革职，发遣乌鲁木齐。

钱价 指比较官方所定银钱比价所显示的制钱价格。清代，流通货币为银和制钱，官方定制，银与（铜）钱比价为一比一千，即一两银等于一千文（一文一个）制钱，以此兑换或折用。实际流通中，经常偏离这一标准，若低于一千文之制钱便可换到一两银或折为一两银使用，便称为“钱贵”而银贱。若需高于一千文之制钱方可换一两银或折合一两银，便称为“钱贱”银贵。

宗族械斗 宗族之间因各种缘由而引发的动用全宗族力量的武斗事件。这类事件主要发生在南方如福建、广东、浙江、江西、湖南等聚族而居、宗族势力较大的地方。

1804	嘉庆九年	是年，大学士刘墉去世，学者**钱大昕**去世。
1805	嘉庆十年	正月初十日，致仕大学士王杰去世。
1805	嘉庆十年	二月初二日，重申严禁领兵者以国家钱粮私立赏项奖赏属下官兵。
1805	嘉庆十年	二月初七日，两广总督报，英国王所遣使臣随商船到广州。
1805	嘉庆十年	二月十五日，纪昀去世。
1805	嘉庆十年	三月初八日，由京解银二百万两至盛京，以备皇帝东巡盛京之用。

钱大昕（1728—1804） 字晓征，号竹汀。江苏嘉定（今上海）人。年十五，为秀才，十七岁，设塾授徒。乾隆十六年（1751），应特试中举，次年，授内阁中书。十九年，应会试、殿试而中进士，历任翰林院编修、侍读学士等职。曾多次出任乡试主考官并参与《热河志》、《大清一统志》等书的撰修。辞官后，先后在南京钟山书院、松江娄东书院、苏州紫阳书院讲学二十多年，门下之士达二千余人。其间，于嘉庆六年（1801）应浙江长兴知县所邀，与弟大昭共同编修了《长兴县志》。九年，病故于紫阳书院。大昕早年喜辞章之学，后立志通经，由此博览群籍，综贯六艺，于经史、文字、音韵、天文、历算、舆地、金石、氏族、典章等，无不精深。有“一代儒宗”之誉。一生著述三十余种，除考史名作《廿二史考异》外，较重要的还有《十驾斋养新

1805	嘉庆十年	三月二十五日，因广东省海阳县宗族械斗不止、澄海县等土豪勾结海盗等因，将原两广总督倭什布革职留任。
1805	嘉庆十年	四月初一日，已故**东河河道总督**王秉韬被追赔治河工程银。
1805	嘉庆十年	四月十八日，禁京城西洋人刻书传教。
1805	嘉庆十年	四月二十五日，太和殿**传胪**，予彭浚等二百四十三人进士及第、出身等。名学者**徐松**、**李兆洛**、**孙原湘**均为此科进士。

录》、《潜研堂诗文集》、《诸史拾遗》及《元史艺文志》等。

东河河道总督　始设于雍正年间，负责河南、山东两省河道之治理及堤防修筑等事务。乾隆以后，山东运河河务改归山东巡抚兼理，东河河道总督主要掌河南省境内以黄河为主的河务。

传胪　科举制度中由皇帝主持宣布殿试后录取进士名次的典礼，“胪”为上传之语告下之义。另外，殿试录取之进士的第四名也称传胪，也即二甲头名。殿试后所录取之进士分为三等，称为三甲，其中一甲三名（状元、榜眼、探花），二甲若干名，二甲中的第一名称传胪。三甲之第一名也有称之为传胪者。

徐松（1781—1848）　字星伯。顺天大兴（今属北京）人。嘉庆十年（1805）中进士，授翰林院编修。十四年，奉诏编辑《全唐文》，得以阅览文渊阁大量珍本秘籍。借此之便，徐松私从《永

1805	嘉庆十年	五月初一日，以钱价昂贵，谕各省督抚务令如额鼓铸钱文。
1805	嘉庆十年	五月初一日，严令内务府大臣管理**西洋堂**，定禁条多款。
1805	嘉庆十年	五月初六日，准闽浙总督奏请，于台湾水师增加兵员、添造大船。

乐大典》中抄录一批重要文献。幸得此举，这些史籍才免于散佚。《宋会要》即是其一。十五年，参与编纂《皇清文颖续编》。年底，授湖南学政。翌年，御史弹劾徐松考试士子时命题违背定制、割裂经典，因而被流放新疆。至二十五年才得赦免。流放期间，徐松对新疆历史、地理极为关注，撰成《新疆赋》、《西域水道记》以及《汉书西域传补注》三部著作。同时，又参与纂修地方志《新疆识略》。道光元年（1821），将此书上呈御览，得授内阁中书。此后二十年，在京师各部衙门供职。二十三年，出为陕西榆林知府。五年后辞世。另著有《唐两京城坊考》及《唐登科记考》等。

李兆洛（1769－1841）　字申耆，号养一。江苏阳湖（今常州）人。嘉庆九年（1804）中举。十年，成进士，入翰林。十四年，外放安徽凤台知县。历此职七年，政绩卓著，并编成《凤台县志》。后因父丧离任，从此不再出仕。二十二年，主讲于安徽怀远真儒书院。期间，应聘主修该省《怀清县志》和《东流县志》。道光三年（1823）起，主

1805	嘉庆十年	五月二十六日，禁百姓私制器械，练习拳棒。
1805	嘉庆十年	五月二十八日，命清查直隶亏空银两。
1805	嘉庆十年	五月，甘肃再次破获悄悄会。
1805	嘉庆十年	六月，直隶、京畿地区大雨，永定河河堤出现塌陷、漫溢。
1805	嘉庆十年	闰六月初八日，嘉庆帝谕令悬赏捉拿蔡牵。

持江阴暨阳书院近二十年，以讲学终世。兆洛精于舆地学，有《历代地理志韵编今释》、《皇朝舆地韵编》等作。亦酷爱词章，撰有《养一斋文集》、《骈体文钞》及《海国集览》等。

孙原湘（1760—1829） 字子潇。江苏昭文（今常熟市）人。少有才名。乾隆四十一年（1776），与女诗人席佩兰结为伉俪，从此埋首于诗作。六十年成举人。嘉庆五年（1800），入昆山玉文书院执教。至嘉庆十年始中进士，入翰林院庶吉士。但同年即因事离京。十三年，孙氏患病，加之家境贫寒，故从此再未进京谋职。此后曾执教于安徽旌德、毓文等多所书院，以讲学终世。孙氏诗才颇得大诗人袁枚赏识，诗人法式善亦对其有极高评价，将他与舒位、王昙并称为“三君子”。著有文集《天真阁集》。

西洋堂 西方传教士的教堂。这里指北京的西洋教堂，共四处，为南堂、北堂、东堂、西堂，其中宣武门附近的南堂建筑最早，规模最大，为北京教区的主教堂。康熙后期清廷发布禁教令后，只有少部分传教士供职于宫廷及钦天监，管理宫廷事务之内务

1805	嘉庆十年	闰六月十九日，**红带子**图钦、图敏及旗人魁敏等坚持信西洋教，被发遣伊犁。
1805	嘉庆十年	闰六月二十六日，江西省生员欧阳恕全因诗作被指为“逆诗”而处以死刑。
1805	嘉庆十年	七月十八日，嘉庆帝东巡盛京拜谒祖陵，此日启程。
1805	嘉庆十年	八月，嘉庆帝先后谒**永陵**、**福陵**、**昭陵**。
1805	嘉庆十年	八月二十一日，公爵额勒登保卒。
1805	嘉庆十年	八月，将安插于吉林、黑龙江之闽、广两地天地会人犯改发新疆。

府大臣因有管理西洋堂之责任。

红带子　清代皇族成员中的一种称谓。清代皇族，按照与皇帝本支亲缘关系之远近分为宗室、觉罗两部分，宗室系黄带子作为标识，觉罗系红带子作为标识。宗室若因罪削除宗籍，编入八旗旗籍，也系红带，其名列于皇家宗谱《玉牒》之末，称之为“削除宗室红带子”，简称“红带子”，这种人，史籍、政书中称其为“红带子×××”，而不因其系红带子而称其觉罗，他们也无觉罗具有的皇族之特权。之所以令其系红带子、名附《玉牒》之末，主要是为区别于一般旗人，防止旗人选秀女时选入而造成皇家人同姓结姻。另外，还有记名备案以作将来有可能恢复宗籍时核查之用。而觉罗虽系红带子，官方一般不称之为红带子，而称“觉罗×××”。

1805	嘉庆十年	九月十五日，直隶总督吴熊光奏对应以前朝六次南巡劳民伤财为鉴，牢记先帝反省之语。嘉庆帝动容纳之。
1805	嘉庆十年	十月初八日，俄罗斯商船抵达澳门，请开广州通商。
1805	嘉庆十年	十月十七日，覆英国国王书，回赠礼品。
1805	嘉庆十年	十一月初十日，拟增设八旗满洲、蒙古养育兵，补入**巡捕五营**。
1805	嘉庆十年	十一月十二日，令各省所收捐监银，每凑足十万两，仍照例解部。实有用项，专折奏请再留用。

永陵　清太祖努尔哈齐之远祖孟特穆（猛哥帖木尔）、曾祖福满、祖父觉昌安、父塔克世及伯父、叔父的陵墓。地点在赫图阿拉，今辽宁省新宾满族自治县启运山南麓。初名兴京陵，顺治十六年（1659），改称永陵。

福陵　清太祖努尔哈齐的陵墓，在盛京东郊浑河北岸，今沈阳市东郊天柱山，俗称沈阳东陵。始建于天聪三年（1629）二月，顺治八年（1651），陵园基本建成。

昭陵　清太宗皇太极陵墓，在盛京北部今沈阳市北郊，俗称沈阳北陵。与前述永陵、福陵合称“盛京三陵”。

巡捕五营　又简称巡捕营，为保卫京师的军队之一，由汉人绿营兵组成，共为五营，统辖于步军统领。巡捕五营负责北京外城及京郊的守卫和治安。嘉庆年间增

1806	嘉庆十年	十一月十二日，令严查澳门西洋人，禁在该地或赴他省传教。
1806	嘉庆十年	十一月，蔡牵船队攻入台湾。
1806	嘉庆十年	十二月初六日，嘉庆帝斥责大学士**九卿**会议重要政务时敷衍塞责。
1805	嘉庆十年	书法家**邓石如**去世。
1806	嘉庆十一年	正月初九日，定发遣边地人犯减刑条例。
1806	嘉庆十一年	正月二十日，不许俄国商船至广州贸易。
1806	嘉庆十一年	二月，由四川等地调兵台湾剿捕蔡牵。

设之八旗满洲、蒙古养育兵也编入巡捕五营。

九卿 指中央九个高级行政机关的长官。清代为吏部、户部、礼部、兵部、刑部、工部、理藩院这七个机关的尚书，及都察院左都御史、大理寺卿。或曰无理藩院尚书而有通政司的通政使。此外，还有小九卿之说，是指低于上述机关的九个机构如翰林院、国子监、钦天监、光禄寺、太常寺、鸿胪寺等的长官。

邓石如（1743？—1805） 原名琰，因避仁宗讳，以字为名。安徽怀宁（今安庆）人。少好刻石。因家贫无力向学，遂篆刻印章售卖为生，并以书刻游走于士大夫间。为著名书法家梁巘赏识，将其举荐至江宁（今南京）梅镠家中。梅氏藏大量金石铭文

1806	嘉庆十一年	三月十六日，禁江浙地区米粮出洋。
1806	嘉庆十一年	三月二十三日，因京城米价昂贵，发米粮平粜。
1806	嘉庆十一年	三月，蔡牵船队被驱出台湾后，于是月与清军在福建沿海洋面交战。
1806	嘉庆十一年	四月二十八日，陕西巡抚奏报该省粮价昂贵。
1806	嘉庆十一年	五月初九日，定**汉军旗人**一般兵丁之女不再挑选秀女。
1806	嘉庆十一年	五月十五日，重申，选秀女时，查出**蒙古旗人**秀女衣袖宽大、汉军旗人秀女缠足者，治其父兄之罪。

拓片。石如居梅家八年，潜心研究，书法从此大进，尤工石鼓文，成为书法"碑学派"代表人物。其后，石如以书法自给，遍游名山水，访贤会友。得到当时刘墉、毕沅、包世臣等众多名士之青睐。晚年，漫游江、浙诸省达十年之久。嘉庆十年（1805）辞世，年六十三。石如性情旷达不羁，嗜酒如命。有《篆书十五种》、《心经》及《乐志论》等手迹刊行于世。

汉军旗人 主要指八旗汉军人，即编入八旗汉军旗中的旗分佐领下汉人。后来内务府包衣汉人佐领（称旗鼓佐领）、管领等机构的入旗汉人，也称为汉军旗人。汉军旗人又简称汉军人或汉军。

蒙古旗人 指编入八旗蒙古的旗人。清代，编入八旗者才称为

1806	嘉庆十一年	六月初一日，查出安徽省亏空银一百三十四万两，命八年内追补完毕。
1806	嘉庆十一年	六月十二日，令宗室王公、族人训诫皇族人员严禁违法、胡作非为。
1806	嘉庆十一年	六月，学者**王昶**去世。
1806	嘉庆十一年	七月初六日，陕西发生士兵哗变。因新兵被扣饷而激发。
1806	嘉庆十一年	七月二十日，陕西哗变士兵攻陷**洋县**，杀其知县。

旗人。而隶属于清廷的蒙古人，最早归附者，编入八旗。后来归附者多，而组成八旗蒙古固山，即八旗蒙古，或称蒙古八旗。只有这部分蒙古人，才称为蒙古旗人。以后归附者，或被征服镇压者，则被编为扎萨克旗或总管旗，这部分蒙古人生活在蒙古地区，不称蒙古旗人，这部分蒙古人女子也不选秀女。

王昶（1725－1806） 字德甫，号述庵。江苏青浦（今属上海）人。乾隆十九年（1754）进士。三年后应特试，名列第一，得授内阁中书。曾参与编纂《西域同文志》、《历代通鉴辑览》、《大清一统志》等多种官修书籍。并参与远征缅甸及平定金川之役。屡经提升，至五十八年辞官归乡时，官至刑部右侍郎。嘉庆元年（1796）起，相继主持江苏娄东书院和杭州敷文书院。十一年病故。王昶博学善文，曾以惠栋为师，潜心经术，讲求声音训诂之学。尤嗜金石之学，曾遍游全国，历五十年之功，搜集到

1806	嘉庆十一年	七月二十二日，嘉庆帝决定木兰秋狝，本日启程。
1806	嘉庆十一年	八月二十一日，**直隶布政司书吏舞弊案**发，命严查重处。
1806	嘉庆十一年	九月初六日，嘉庆帝一行结束木兰行围。
1806	嘉庆十一年	九月二十八日，准**现行常例**中的部分项目于各省**藩库**报捐，按月将报捐人数、银两上报户部。
1806	嘉庆十一年	九月，黄河于江苏北部决口。

从远古至宋末的金石拓片一千五百余种，辑成《金古萃编》，其考订精详，为金石学集大成者，深受学者珍视。还著有《春融堂诗文集》、《天下书院志》、《云南铜政全书》等。

洋县 在陕西省西南部，属汉中府，今仍称洋县。

直隶布政司书吏舞弊案 嘉庆年间大案。布政司，是掌管一省民政、财政的专司机构。直隶省布政司下属的王丽南，本为钱粮库的一名书吏，与该省各州县的官吏勾结串通，采取私刻假印、改挖公文等等手段，从嘉庆元年至十一年（1796－1806），先后从二十四个州县的上交款项中侵占白银三十一万余两。这些州县的官或吏、幕友等也从中得到赃款。案发后，十余名州县知州、知县被抄家，子孙捐纳得官者一律革职。十名情节严重、贪赃较多的州县官员、书吏被处斩，较轻者发往黑龙江当苦差。另外，历届失察、虚收之直隶总督、布政使，或革职发遣，或革职留任。

1806	嘉庆十一年	十月初，陕西士兵哗变被平定。
1806	嘉庆十一年	十月十六日，因河工费用浩繁，虚报严重，命以后详列款项，以防侵吞。
1806	嘉庆十一年	十一月初十日，严令各州县整顿**驿站**供应之事。
1806	嘉庆十一年	十一月初十日，令各省督抚务必于年底盘查藩库，详查各项上报。

现行常例　清代捐纳制度中的一种形式，也称常行捐例。指捐纳者出资后，官府给予其贡生、监生等资格，荣誉虚衔或嘉号，以及官员之加级、记录等奖励，而不予官职。因这种捐例经常实行，故称现行常例。并参见“**捐纳**”条。

藩库　指各省收贮全省钱粮之库。各省布政司称“藩司”，掌全省财政，所以其收贮钱粮之库称藩库。

驿站　为传递公文人员及官员行程服务的设施机构。中央与地方往来之公文，需专人乘马传递，行程途中人马之食宿或换乘马匹，由驿站这种设施机构负责。官员因公进京或去地方，其途中之食宿供需，也由驿站提供服务。

白役　各行政机构除设置官员外，还配置一定数额的吏役人员，称为胥吏，如门子、站班衙役、捕快等，负责一般杂役。超出定额而雇用之吏役，即称为白役。

八旗生计　指八旗旗人的生活问题。清朝之八旗旗人，自入关后成职业兵，定有数额，现役之旗兵领取兵饷，未能披甲当兵的成丁，也不事生产，而作为旗兵的后备兵源。旗人靠圈拨给予的

1806	嘉庆十一年	十一月十七日，命各省州县衙门清查裁汰**白役**。
1807	嘉庆十一年	十一月二十四日，将陕西哗变士兵投降者二百多名安置新疆为兵，永不换回。
1807	嘉庆十一年	十一月二十九日，因**八旗生计**问题，增八旗满洲、蒙古及**内务府三旗**养育兵额。
1807	嘉庆十一年	十二月初五日，大学士朱珪去世。

旗地收入及兵饷作为主要生活来源。入关之初，八旗人口较少，生活也较简朴，一般旗人无生计困难问题。以后随着人口繁衍增多，而兵额有限，又受奢华之风影响，坐吃山空，变卖旗地房产，收入减少，因而生计困难。满族统治者曾采取诸如动用国帑赎回旗地、减免借贷、发放补恤金、增加养育兵、拨少部分闲散旗人出京屯种，以及令汉军旗人出旗为民等等措施，但效果不大。所以八旗生计问题一直至清末始终存在。

内务府三旗　内务府，是清代管理皇室及宫廷事务的特殊机构，其一般官员及服役者，大部分是皇室的旗下奴仆，即编制在皇帝亲统的上三旗（镶黄旗、正黄旗、正白旗）旗下的包衣（满语，即包衣阿哈，奴仆之义）。这些包衣旗人组织成独立系统，隶属于内务府管理，称为内务府三旗。这三旗包衣组织有：包衣满洲佐领，由满洲包衣、蒙古包衣人编立；旗鼓佐领，由汉人包衣编立；朝鲜佐领，由朝鲜包衣人编立。另外还有一个由维吾尔等少数民族人编立的回子佐领。包衣佐领之外还有管领，由各种

1807	嘉庆十一年	十二月二十日，以陕西士兵哗变，将该省提督杨芳革职发遣新疆。
1807	嘉庆十一年	十二月，四川发生新兵哗变，数日后被平定。
1807	嘉庆十二年	正月，陕西西乡营瓦石坪新兵滋事，旋平之。
1807	嘉庆十二年	二月十二日，因地方积压案件严重，督令清理审结。
1807	嘉庆十二年	二月十四日，严厉申禁朝臣与诸王交结私往。
1807	嘉庆十二年	二月二十日，嘉庆帝启程谒**东陵**、**西陵**。
1807	嘉庆十二年	三月初六日，以江苏黄河决口处修复，河水

包衣人合编，不分满、汉，编制较小。包衣佐领、管领各分隶于内务府三旗之下。

东陵　清入关后皇陵之一，在遵化县（今河北省遵化县）昌瑞山，陵区东起马兰峪，西至黄花山，埋葬顺治、康熙、乾隆、咸丰、同治五个皇帝及他们的后妃。主要陵墓有清入关后第一位皇帝顺治帝之孝陵、康熙帝之景陵、乾隆帝之裕陵、咸丰帝之定陵、同治帝之惠陵，以及慈安、慈禧两位太后之定东陵。

西陵　清入关后皇室另一陵区，在易县（今河北省易县）。清入关后第三位皇帝雍正帝，另辟北京西南之易县为陵区，此后，这里葬有四位皇帝，为雍正帝之泰陵、嘉庆帝之昌陵、道光帝之慕陵、光绪帝之崇陵。另外，还有

		入故道，赏治河官员。
1807	嘉庆十二年	三月十五日，《（清）**高宗实录**》、《（清）**高宗圣训**》修成。
1807	嘉庆十二年	三月，因直隶京畿旱情严重，嘉庆帝多次亲自祈雨。
1807	嘉庆十二年	四月，因直隶京畿缺雨，粮贵，令商人由东北贩粮至直隶。
1807	嘉庆十二年	五月十八日，颁八旗满洲、蒙古养马章程。
1807	嘉庆十二年	五月十八日，任**长龄**陕甘总督。

这四位皇帝之后妃园寝。

高宗实录 即《大清高宗纯皇帝实录》。

高宗圣训 圣训，是清朝编辑的已故去之皇帝各方面政务的训谕。《（清）高宗圣训》，即《大清高宗纯皇帝圣训》，为嘉庆帝亲政后命史官辑录的乾隆皇帝之训谕。

长龄（1758－1838） 正白蒙古旗人。通晓数种语言。乾隆三十八年（1773）授翻译生员。四年后调理藩院，至乾隆末年一直在该院各属及内阁任职。期间，曾三次随军远征甘肃、台湾及廓尔喀，丰富了阅历。嘉庆五年（1800），赴湖北平定白莲教起义，初掌兵权。不久，以功授云骑尉世职。八年，官直隶提督，驻古北口。此后历任安徽、山东

1807	嘉庆十二年	五月十九日，严禁地方官讳盗及放任胥吏勒索百姓。
1807	嘉庆十二年	六月十三日，禁督抚将幕友捐纳入仕者留用本省。
1807	嘉庆十二年	六月二十五日，定**京察**三等者，不准保送为知府。
1807	嘉庆十二年	七月十八日,以木兰秋狝,嘉庆帝等自京启程。
1807	嘉庆十二年	七月，黄河于江苏省**阜宁县**陈家浦决口，改道入海。
1807	嘉庆十二年	九月二十七日，禁八旗旗人抱养民人子弟为嗣。
1807	嘉庆十二年	十月初五日，定青海地区蒙古、藏族等相处及对其管理章程。

巡抚，陕甘总督。十三年，因任职山东时对下属侵吞公帑失察事发，贬谪伊犁。几年后，重获嘉庆帝信赖。十六年，出任河南巡抚。两年后复任陕甘总督。道光帝即位后（1821），长龄拜为大学士兼军机大臣。后出为伊犁将军，两次平定新疆叛乱，计擒乱军首领张格尔。功封二等威勇公，并晋封太傅。年八十寿辰时，再晋一等公。翌年元旦去世，得入祀贤良祠。

京察　京官的考核制度，一般为三年一次。三品以上官员，由

1807	嘉庆十二年	十月二十六日，令广州着力查禁鸦片贩运船只。
1807	嘉庆十二年	十一月，黄河陈家浦决口修复，河水复归故道。
1808	嘉庆十二年	十二月初七日，令福建、广东等省严查私售鸦片者。
1808	嘉庆十二年	十二月二十四日，申定督催各州县未完积欠章程。
1808	嘉庆十二年	十二月二十五日，李长庚追击蔡牵船队战死。
1807	嘉庆十二年	是年冬，以抱怨、不驯，将调新疆之陕西哗变兵二百多名处死。名幕**汪辉祖**去世。**石韫玉**辞官，专意学术。
1808	嘉庆十三年	正月二十八日，定诬告加等治罪例。

吏部汇报其三年中的表现及现实情况，奏请皇帝鉴定。四、五品京堂官，由特派之王大臣数人考核，定等次，奏报皇帝并引见，由皇帝最终裁定。各部院司级及以下官，由本部院长官考核。根据考核情况，决定某官之升留降退或者罢官。

阜宁县　在江苏省北部，属淮安府，当时黄河下游流经该县。今仍称阜宁县。

汪辉祖（1731－1807）　字焕曾，号龙庄。浙江萧山（今属杭州市）人。少家境贫寒，艰苦向

1808	嘉庆十三年	二月二十二日，预行申诫本年**会试**规章，以防作弊。
1808	嘉庆十三年	三月十一日，修订刑律新**例**，多为处死刑的新规定。

学。乾隆十七年（1752），岳父王宗闵任江苏金山知县，将其招入幕署。自此汪氏于江、浙各地佐幕共三十四载，以精于刑名之学著称当时。其间，屡次应试，终于乾隆四十年中进士。五十一年，得授湖南宁远知县。后历任同省新田知县、道州知县等职，为官勤政廉明，政声远播。五十六年，遭政敌诋毁被夺职。此后返乡潜心著述。汪氏据长期为幕、为官理民之经验撰成《佐治药言》、《学治臆说》二书，被当时及后世幕宾及学幕者奉为圭臬。汪氏又喜治史，尤其留意诸史名姓异同，著有《史姓韵编》等作。晚年专意元史，于嘉庆元年（1796）动笔，历五年撰成《元史本证》。又著有本人年谱《病榻梦痕录》及家训《双节堂庸训》等。

石韫玉（1756–1837）　字执如，号琢堂。江苏吴县（今苏州）人。早年曾长期游幕于各府县衙署。乾隆五十五年（1790），高中状元，授翰林院修撰。嘉庆元年（1796），任日讲起居注官。两年后，入上书房教授皇子。四年，出任四川重庆知府。适值白莲教大举起事，韫玉力守重庆不失。在渝六年，为政有声，有能吏之誉。十年，升任山东按察使，但两年后因办案失误被革职。嘉庆帝念其才干，加恩授编

1808	嘉庆十三年	三月十二日，增江西省**棚民**入籍考试童生录取名额。
1808	嘉庆十三年	三月二十三日，嘉庆帝于天津阅视水兵操练。
1808	嘉庆十三年	三月，命大学士长麟、戴衢亨勘察南河工程。

修。同年底，称病乞归，从此再未出仕。后曾讲学于南京尊经书院，并协助校勘《全唐文》。二十一年起，主持紫阳书院达二十余年。期间，还主持编纂了《苏州府志》与《昆新合志》两部方志。韫玉能诗文，工书法，且雅好藏书，有凌波阁藏书四万余卷。另著有《独学庐诗文稿》。

会试 科举制度中，各省举人到京城参加礼部举行的考试，称会试，每三年一次，于春天举行，故又称“春闱”。若遇恩科乡试，也于次年举行会试。会试取中者称“贡士”，然后参加殿试。

例 这里指刑法中判案的条文规定。清代刑法分为律与例两部分。律，是对各类别之犯罪行为的一般性判处规定。例，又称条例，附于律文之后，是对属于该类罪行中各种具体犯罪行为的惩处规定。例，一般是根据曾经判处的具体案例而形成的刑法条文，作为以后判处同样犯罪行为的根据。由于社会情况不断发展变化，犯罪行为不断出现新情况，官方政策变动，也会影响到对某些犯罪行为的量刑规定，如加重或减轻，所以例便在刑法中也不断续增、修订。

棚民 清代由于人口繁衍，南方某些人多地少之省份，如江苏、安徽、江西、浙江、福建等一些民众便深入山林之中，开垦种

1808	嘉庆十三年	四月二十五日，取中吴信中等二百六十一人为进士，予**进士及第、出身**等。
1808	嘉庆十三年	五月初四日，命以后凡八十岁以上中进士者，直接授**翰林院**职。
1808	嘉庆十三年	五月十九日，令八旗都统、统领申饬各属旗人，力诫游惰骄奢之习。
1808	嘉庆十三年	七月十六日，以木兰秋狝，嘉庆帝等自京启程。
1808	嘉庆十三年	七月二十一日，英国兵船九只，驶入广东香

植、采伐，或从事与此相关的手工业，因创业而搭棚居住，被称为“棚民”。棚民渐多，官方为维护治安，也将他们以保甲制编户管理，棚民因而成民户之一种。

进士及第、出身　经殿试后取中进士者，按成绩水平分为三等：一等三人即三鼎甲状元、榜眼、探花，赐“进士及第”；第二等即二甲若干名，赐“进士出身”；第三等即三甲若干名，赐“同进士出身”。

翰林院　中央机构，专司撰拟诏诰等文字，纂修图书、史籍，充经筵日讲、皇帝之文学侍从，教习庶吉士，以及科举教育方面之充任考官、学政等事务。初与内三院合，后分出。下属机构，有教习庶吉士（由进士考选）的庶常馆，及起居注馆、国史馆等。翰林院被视为清要之地，历科进士三鼎甲状元、榜眼、探花例授翰林院的修撰、编修，考中进士者再经朝考，选拔为庶吉士，三年后考试，优者也留翰林院任职。以上任职者又俗称翰林，清代

		山县属鸡颈洋面。
1808	嘉庆十三年	八月初二日，英国兵船于澳门登陆。
1808	嘉庆十三年	八月，**严可均**着手编辑《全上古三代秦汉三国六朝文》。
1808	嘉庆十三年	九月二十三日，英国船至广州城外，求见两广总督，请准在澳门居住。
1808	嘉庆十三年	九月二十六日，嘉庆帝谕两广总督严令英船退出澳门，否则以兵击之。

的内阁大学士、部院长官尚书、侍郎、左都御史及地方大员总督巡抚等，很多都是翰林出身，所以时人把翰林院视为储才之地。

严可均（1762—1843） 字景文，号铁桥。浙江乌程（今湖州市）人。嘉庆五年（1800）中举。至道光二年（1822），始任浙江建德县教谕。历任十三年后，以老病归，专意著述。严氏精考据之学，先与姚文田同治《说文解字》，撰成《说文长编》、《说文校义》等，后又与丁溶同治唐代石经刻文。撰成《唐石经校文》一书，于嘉庆九年刊行。十三年，有鉴于朝廷开《全唐文》馆，严氏乃决意自编一部唐以前的历代文汇。他以近三十年之功，收三千四百余家文章，人各系小传，著成《全上古三代秦汉三国六朝文》，使之与《全唐文》相接。严氏一生又辑校诸经逸注及佚子书等数十种，合经、史、子、集为《四录堂类集》，共一千二百余卷。另著有文集《铁桥漫稿》等。

1808	嘉庆十三年	十月初四日，两广总督**吴熊光**奉嘉庆帝令，调兵入黄埔、澳门。
1808	嘉庆十三年	十月二十八日，吴熊光以办理对英兵船事失职软弱被惩斥。
1808	嘉庆十三年	十一月初七日，发生县令**李毓昌被毒杀案**。
1808	嘉庆十三年	十一月十二日，吴熊光报告英国兵船全部退出澳门。

吴熊光（1750－1833）　江苏昭文（今常熟）人。乾隆三十七年（1772），由举人授内阁中书。大学士阿桂赏其才，多有倚重。累迁至通政司参议。嘉庆二年（1797），入值军机。四年，授河南巡抚。任内，招募乡勇，积极参与平定川楚陕白莲教起事。六年，升湖广总督。次年，三省教乱平息，功加太子少保。十年，转调两广。十三年，英吉利兵船闯入澳门，占据数处炮台。熊光以未能积极御敌被皇帝斥为软弱错谬，夺职，遣戍伊犁。两年后释回。旋补兵部主事。晚年著有《伊江别录》、《春明补录》、《葑溪笔录》三作，记述所闻名臣言行。道光十三年（1833），卒于家。

李毓昌被毒杀案　嘉庆朝大案。李毓昌为嘉庆十三年（1808）新科进士，授知县，于江苏待缺候补，此期间，受命查核江苏省山阳县财务。山阳县令王伸汉，曾虚报灾情而冒领赈灾银，窃为已有。李毓昌将此事查出后将欲举发，王伸汉行贿，被李毓昌严辞拒绝。王伸汉遂买通李毓昌之仆从李祥等人，将李毓昌毒死，而以绳勒颈，并焚毁揭发证据。之

1808	嘉庆十三年	十一月十四日，户部称，全国诸省欠征**地丁银**已积至一千余万两。
1809	嘉庆十三年	十二月初二日，再次申禁地方征收钱粮时浮收多征。
1809	嘉庆十三年	十二月初六日，严禁督抚奏留**丁忧**人员。
1808	嘉庆十三年	是年，名士**包世臣**中举。

后，又贿通淮安知府及验尸者，以自缢结案，通知死者家属。李毓昌之叔李泰清大疑，开棺自验，见尸身青黑，知被毒杀致死，遂赴京城都察院诉冤。经反复审讯，案情大白，山阳县知县王伸汉、其行凶随从及袒护者淮安知府均判死刑。李毓昌之仆从李祥等三人，押至李毓昌墓前，先刑夹、凌迟，再摘心致祭。其余有关者也受到不同惩治。将李毓昌追赏知府衔，其叔李泰清由武生赏给武举。

地丁银　田赋和丁银的合称。摊丁入亩后，丁银完全摊入地亩中征收，地丁银实际全部成为田赋，但习惯上仍沿用旧称，名之为地丁银。

丁忧　又称“丁艰”，指遭逢父母之丧，三年内（后世一般为二十七个月）谢绝外事活动，不宴乐、不嫁娶、不科举、不做官而在家守孝。参见“**守制**”条。

包世臣（1775－1855）　字慎伯。安徽泾县人，少工词章，喜研兵法及治国大略。曾于湖北、四川地方衙门以幕僚参与军务。嘉庆十三年（1808）中举。后数应会试未中。十六年，受两江总督百龄之邀充其幕友，筹划漕

1809	嘉庆十四年	正月初五日，定全国各盐区提高盐价，以筹南河治河经费。
1809	嘉庆十四年	正月初七日，以山东巡抚**百龄**为两广总督。
1809	嘉庆十四年	正月十二日，将革职刑部侍郎广兴处死。
1809	嘉庆十四年	二月初五日，江南河道总督吴璥奏报南河提坝多处敝坏。
1809	嘉庆十四年	二月十二日，严禁官员于路过地方需索供应，地方官糜费迎接。
1809	嘉庆十四年	二月二十六日，准于澳门增设炮台。
1809	嘉庆十四年	三月初九日，德楞泰卒。
1809	嘉庆十四年	四月二十日，**巡漕御史**英纶被革职拿问。

运及运河事，据此经历，撰成《中衢一勺》一部。道光十九年（1839），始任江西新喻知县。一年后去职。晚年居南京，纵论朝政。包氏长于书法，尤善行书、草书，其墨迹辑为《倦游阁帖》传世。另有《艺海双楫》、《管情三义》及《齐民四术》等作，后与《中衢一勺》汇成《安吴四种》刊行于世。

百龄（1748—1816） 内务府正黄旗包衣管领下汉姓旗人，张氏，字菊溪，乾隆三十七年（1772）进士，选为庶吉士，后留为翰林院编修。乾隆后期，曾任都察院御史及奉天、顺天府丞等职，负才自守而不钻营，任闲职十余年而未迁升。嘉庆帝亲政后始被提

1809	嘉庆十四年	四月二十九日，将革职两广总督吴熊光发遣伊犁。
1809	嘉庆十四年	四月二十九日，令两广总督百龄，英国商船若再带兵驶近，即调兵堵剿。
1809	嘉庆十四年	四月，取中洪莹等二百四十一人为进士。
1809	嘉庆十四年	五月十二日，令严查知县李毓昌被毒死一案。
1809	嘉庆十四年	五月十九日，将英纶定罪处绞。
1809	嘉庆十四年	五月十九日，增定外国商船至广东贸易章程。
1809	嘉庆十四年	五月二十三日，因此前**户部三库**失窃，本日定三库官员轮流值宿制。

拔，荐擢布政使、巡抚、总督。嘉庆十四年（1809），任两广总督时，广东海面不靖，百龄曾招降张保等海上活动者甚众。在两江总督任上，治理黄河卓有成效。二十一年，卒于任。

巡漕御史　专门督察漕运之官，设于清初，旋废，雍正七年（1729），恢复，乾隆二年（1737），定为四员，分驻淮安、济宁、天津、通州，于运河分段巡察，其职责是稽察官弁对运丁的勒索，查验漕船粮米、运丁夹带私盐及违禁物品，督催漕船运行，巡视河道并督查其挑浚疏通，管理剥船（水浅处之分船载运），及巡察仓储等。

户部三库　见前“**三库**”条。

1809	嘉庆十四年	六月十八日，**仓场米石短缺案**发，历任官员被降、革多人。
1809	嘉庆十四年	七月十四日，李毓昌被毒杀案审实，该省督抚等被革职。
1809	嘉庆十四年	七月十八日，嘉庆帝等启程赴热河木兰秋狝，后因围场内雨多路难行而停止。
1809	嘉庆十四年	七月二十七日，命浙江、福建、广东三省督抚及海关大员严查，禁商民将米出洋贩卖。
1809	嘉庆十四年	八月十七日，蔡牵船队被击败，蔡牵死。
1809	嘉庆十四年	八月十九日，因此前台湾淡水等处发生宗族械斗，此日命福建提督调兵赴台弹压。
1809	嘉庆十四年	八月二十九日，毒害李毓昌之山阳县令王伸汉及袒护之知府被处死。
1809	嘉庆十四年	九月初十日，**宝坻县**令单幅昌因侵吞赈济银被处斩。

仓场米石短缺案　发生于嘉庆十四年（1809）。清代之运京漕粮，储藏于京城之“京仓”及京城以东通州的“通仓”，专设仓场侍郎经管。由于历届仓场侍郎未能尽职，以致仓场之书吏等串通作弊，侵盗仓米，自嘉庆三年（1798）以来，仓场粮米共亏短多达十数万石。案发后，侵蚀之书吏等均遭严惩，历任仓场侍郎等官二十多名被革职或降职，并令赔补。

1809	嘉庆十四年	九月二十日，以下月**万寿节**，加赏王公及文武大臣。
1809	嘉庆十四年	九月二十六日，准俄罗斯明年派人于恰克图会谈。
1809	嘉庆十四年	十月初六日，嘉庆帝五十寿辰，举行庆贺礼。
1809	嘉庆十四年	十月二十日，谕各漕粮省份自本年征收始革除各项陋规。
1809	嘉庆十四年	十月二十四日，禁官员于所管地区驿站扰累需索。
1809	嘉庆十四年	十一月初九日，谕：各省驿站，督抚及过境大员，均自备车马供应。
1810	嘉庆十四年	十二月十三日，**工部书吏私造假印案**发。
1810	嘉庆十四年	十二月十七日，定故杀十岁以下孩童加重惩处例。

宝坻县　直隶顺天府所辖县，在北京城东南一百公里左右，今为天津市所辖宝坻区。

万寿节　指皇帝、皇太后、太皇太后的生日。清代皇帝、太后等的生日节庆，其仪式比往代王朝隆重。

工部书吏私造假印案　嘉庆朝大案。工部书吏王书常等，借用钦派办理土木工程大臣姓名，私刻假印，伪造公文，并与司员相勾结，利用长官之不细致审核，

1810	嘉庆十四年	十二月二十五日，因私造假印案犯冒领款项，户部、工部、内务府多名官员被惩处。
1810	嘉庆十四年	十二月，分别开豁安徽池州、徽州、宁国三府**世仆**。
1809	嘉庆十四年	是年，学者洪亮吉、**凌廷堪**去世。
1810	嘉庆十五年	二月二十八日，议行海运漕粮。
1810	嘉庆十五年	二月，命直隶、山西每年查明出关人口数造册上报。

常借其会饮谈笑时，将伪造的冒领工程款项的公文夹于一批公文之中，让其签字批示。自嘉庆十一年至十四年（1806—1809），便利用这一手段，先后十几次向户部、内务府等机构冒领工程款项，累计达数十万两白银。一次为某个工头告发，案情始暴露。经多次审讯定谳，将王书常等人处斩，工部、户部、内务府等机构之官员数十人被判以革职、降职或发遣的惩处。

世仆 贱民之一种，主要存在于安徽省南部的宁国府、池州府、徽州府等地区。世代为主家种田或充当杂役。由于身份低贱，官府禁止他们及其子孙入仕为官。雍正朝曾下令将他们“开豁为良”，即免去贱民身份，开为与普通百姓一样的“良人”，但由于这些人贫穷，世代依附主家为生，并未能从根本上免除低贱性，所以嘉庆年间清廷再次重申将他们“开豁为良”。

凌廷堪（1757—1809） 字次仲。安徽歙县人。少家贫辍学，

1810	嘉庆十五年	三月初二日，命京城步军统领及闽粤两省督抚查禁鸦片来源。
1810	嘉庆十五年	三月十二日，禁各部书吏等将公文稿偷窃售卖。
1810	嘉庆十五年	四月初八日，以粮易霉变等因，停止试行海运漕粮。
1810	嘉庆十五年	四月十七日，改热河副都统为**热河都统**。
1810	嘉庆十五年	四月十七日，谕蒙古各部落此后不准再私招流民垦种。

仍酷爱文字，常习作诗词。乾隆四十四年（1779），受聘于扬州词曲局。四十七年，入京师遇翁方纲，为其赏识，纳为门生。五十五年，成进士，本外放知县，自请改教职，选授安徽宁国府教授，任此职十余年。嘉庆十年（1805），为守母丧而去职归乡，不再入仕。十二年，主讲于歙县紫阳书院。十三年，游历杭州，走访著名藏书楼天一阁，并应毕沅之邀教其子。次年，病故，年五十三。凌氏治学，潜心六书、历算、舆地、职官诸学，尤专《礼记》与乐律。治《礼记》而有《礼记释例》；研乐律则有《燕乐考原》与《笛律匡谬》。凌氏还擅长文词，诗文之作极丰，著有《校礼堂诗文集》、《梅边吹笛谱》等作。

热河都统　驻防兵长官之一。初设总管，后改为副都统、都统，从一品，与驻防将军同阶。统领驻扎于热河各处之兵，兼管木兰围场及蒙古事务。道光八年（1828）后，职掌进一步扩大，

1810	嘉庆十五年	四月二十五日，令严密推行保甲制与门牌。
1810	嘉庆十五年	五月二十七日，闽浙总督**方维甸**制定约束台湾械斗章程。
1810	嘉庆十五年	五月二十七日，方维甸奏报台湾未运内地兵粮已积至十六万多石。
1810	嘉庆十五年	五月，任**戴衢亨**为内阁大学士。

还经管承德之刑事及财政事务。

方维甸（1758－1815） 字南耦。安徽桐城人。总督方观承之子。乾隆四十六年（1781）进士，授吏部主事。曾随福康安平定台湾林爽文变乱和反击廓尔喀入侵，历任光禄寺卿、太常寺卿、长芦盐政。嘉庆元年（1796），坐事夺职。加恩降刑部员外郎，值军机处。后随尚书那彦成治陕西军务。八年，升陕西巡抚，督捕白莲教起义军余部。十一年，率兵平定宁陕新兵哗变。十三年，升闽浙总督。任内，加强台湾防务，整饬港口贸易。十五年，以母老请辞。次年，召授军机大臣。二十年，卒于家。

戴衢亨（1755－1811） 江西大庾（今大余）人，字莲士，乾隆四十三年（1778）戊戌科状元，任翰林院修撰，与其叔父大学士戴均元、兄戴心亨并以文著名，时有“西江四戴”之称。嘉庆朝也颇受皇帝赏识，大典撰拟文字，皆出其手。嘉庆初年以后任军机大臣，及兵部、户部尚书、大学士等职，掌翰林院多年。嘉庆帝称其谨饬清慎，为国家得

1810	嘉庆十五年	六月初三日，应**蕴端多尔济**奏请，加强**喀尔喀蒙古**与俄罗斯交界之稽查。
1810	嘉庆十五年	六月初八日，令京城查禁销毁好勇斗狠、秽亵不端内容之小说。
1810	嘉庆十五年	六月二十一日，申禁漕船夹带过多货物售卖。
1810	嘉庆十五年	七月十九日，定查禁漕船夹带**私盐**章程。

力大臣。嘉庆十六年（1811）病逝，嘉庆帝亲临赐奠，赐太子太师，入贤良祠。

蕴端多尔济（1766－1827） 漠北喀尔喀蒙古土谢图汗部人，清皇室和惠公主之孙，幼育宫中，长大后又被指为皇家额驸，娶乾隆帝侄孙女。乾隆后期出任库伦蒙古办事大臣，任该职长达四十多年，嘉庆朝二十五年间，一直在库伦（今乌兰巴托）任此职，道光七年（1827），卒于任上。

喀尔喀蒙古 此处指外喀尔喀蒙古，即外蒙古，在漠北地区。初为三大部：土谢图汗部、车臣汗部、扎萨克图汗部。清入关前的崇德年间与清廷建立通好关系，清入关初双方间有冲突，此后订立和好盟约。康熙二十七年（1688），被漠西准噶尔部蒙古击溃而南逃，三十年，归附清廷。清廷击败准噶尔蒙古军，此三部蒙古还归漠北旧牧地。雍正年间，又析出一部，为赛因诺颜部。清廷于该蒙古设盟旗制，置乌里雅苏台将军及库伦大臣统辖管理。

私盐 清代沿袭历代王朝制度，

1810	嘉庆十五年	七月二十日，以木兰秋狝，嘉庆帝等于此日启程。
1810	嘉庆十五年	七月，永定河西岸决口，直隶水灾。
1810	嘉庆十五年	八月初五日，命赈济直隶被水灾民。
1810	嘉庆十五年	八月二十五日，以连日行猎围场牲兽甚少，申饬管场官员。
1810	嘉庆十五年	九月二十五日，山东巡抚因追补本省钱粮亏欠不力，被勒令年限。
1810	嘉庆十五年	十月初，洪泽湖坝决口。
1810	嘉庆十五年	十一月初一日，禁此后流民再进入吉林。
1811	嘉庆十五年	十二月十八日，户部奏，各省积欠银达一千五百万两之多，通令各督抚两年内补完。
1811	嘉庆十六年	正月二十三日，两广总督百龄因病辞职，调松筠任该职。
1811	嘉庆十六年	二月初七日，定**军机章京回避规章**。

食盐由官方掌握售卖，称为官盐。具体办法是官方发“盐引”予盐商，盐商凭引领盐于规定地区销售，交纳课税。凡无引私售之盐，便称之为私盐，被官府缉查出，治以应得之罪。

军机章京回避规章　军机章京是任职于军机处的官员，军机处是清代协助皇帝处理机要政务的重要机构，严防该机构任职者泄密

1811	嘉庆十六年	二月初八日，根据南河工程查核结果，将多名负责官员降革，或令赔补工程银。
1811	嘉庆十六年	二月十六日，令严查私熔制钱者。
1811	嘉庆十六年	二月十八日，准许因造假印冒领库银案降调官员捐纳复原官职。
1811	嘉庆十六年	三月初一日，再申查禁鸦片流入。
1811	嘉庆十六年	三月二十二日，嘉庆帝拜谒西陵。
1811	嘉庆十六年	闰三月初二日，嘉庆帝等西巡至**五台山**。
1811	嘉庆十六年	四月初一日，大学士戴衢亨去世。
1811	嘉庆十六年	四月十七日，协办大学士长麟去世。
1811	嘉庆十六年	四月二十五日，取中蒋立镛等二百三十七人为进士。
1811	嘉庆十六年	五月二十九日，定西洋人传教治罪条例，并将**钦天监**供职以外的在京西洋人发交广东遣令回国。

及与外部官员勾通舞弊，因而制定其回避制度，凡文职自京官三品以上、外官按察使以上，武职自京官副都统以上、外官总兵以上，这些较高级官员的亲子弟均不可任为军机章京。

五台山　位于山西省北部，其山五峰耸峙而又峰顶平缓似台。山中多著名佛寺，如显通寺、殊象寺、塔院寺、普济寺、法雷寺、

1811	嘉庆十六年	五月，直隶、甘肃因天旱，粮价昂贵，设厂平粜。
1811	嘉庆十六年	六月初六日，兵部尚书明亮、大学士**禄康**皆因家内轿夫聚赌被革职。
1811	嘉庆十六年	六月十一日，令严查京城内八旗聚赌之处。
1811	嘉庆十六年	六月十二日，嘉庆帝颁布训谕，严令八旗旗人戒赌。
1811	嘉庆十六年	七月十四日，学业未精之在京西洋人被遣令回国。
1811	嘉庆十六年	七月十六日，谕令各省，禁西洋人潜居内地。

文殊寺、望海寺、灵应寺等。此山与九华山、峨嵋山、普陀山合称佛教四大名山。

钦天监　掌管天文、历法的机构，诸如观察星相，推算日月食及节气，编制历书，选择重要典仪事件之时日等，均为其职掌。清代的钦天监在道光朝以前还任用西洋人供职。

禄康（1756—1815）　正蓝满洲旗人。乾隆三十九年（1774），由闲散宗室授七品笔帖式，后历任给事中、内阁学士、盛京侍郎、户部侍郎等职。嘉庆四年（1799），调任刑部，授汉军都统、满洲都统、公中佐领。六年，升兵部尚书，后转调刑部、户部。九年，升协办大学士。十年，奉命管理西洋堂事，且充国史馆总裁。旋命为阅兵大臣、内

1811	嘉庆十六年	七月十六日，定失察西洋人传教之地方文武官员治罪条例。
1811	嘉庆十六年	七月二十日,以木兰秋狝,嘉庆帝等自京启程。
1811	嘉庆十六年	七月，黄河于江苏省李家楼决口。
1811	嘉庆十六年	八月初十日，四川省西部**打箭炉**等处地震，死四百八十多人。
1811	嘉庆十六年	八月二十五日，命江苏、安徽两省加意抚恤被淹州县灾民。
1811	嘉庆十六年	九月二十一日，拨银赈河南省**永城**、**夏邑**、**虞城**及安徽省**宿州**等被淹州县。

大臣。次年，升东阁大学士，兼管户部事务。十六年，因事削去一切职务，后渐次起用。十九年，赏四品主事，协理移居盛京宗室事务。二十年，因事再降为七品笔帖式。

打箭炉　属四川雅州府，今名康定。清代这里又设税关，是内地商人与西藏商人交易之所。

永城　河南省归德府所辖县，在该省中部东端，与江苏、安徽两省交界。今仍名永城县。

夏邑　河南省归德府所辖县，在该省中部东端，其南部与永城县相邻。今仍名夏邑。

虞城　河南省归德府所辖县，在该省中部东端，在夏邑县以北，其北部与山东省交界。今仍名虞城县。

宿州　位于安徽省北部，属凤阳

1811	嘉庆十六年	九月二十六日，准四川凉山彝族改土归流。
1811	嘉庆十六年	九月三十日，御史景德因奏请于万寿节演戏十日，岁以为例，被革职，发盛京当苦差。
1811	嘉庆十六年	十月二十九日，命查禁山东曹州府一带**义和拳**组织。
1812	嘉庆十六年	十二月初九日，因**奉天府岫岩**、**复州**、**宁海**三州县遭风灾，命赈灾民。
1812	嘉庆十六年	十二月十八日，申明旧例，禁文武生员于各官署充官役及乡镇杂差。

府，其西北与河南省永城县相邻。

义和拳　民间结社组织，初以习武为主要活动，流行于直隶、山东、河南等省，后与八卦教相结合，而带有浓厚宗教色彩。光绪年间，成为义和团的来源之一。

奉天府　设于顺治年间，府治在盛京（即今沈阳市），下辖十个州、县、厅，区域大致相当于今辽宁省辽河以东部分。光绪末年，与锦州府等合为奉天省。

岫岩　位于奉天府南部，乾隆年间设为厅。今为辽宁省岫岩满族自治县。

复州　奉天府所辖州，位于奉天府东南部，西邻渤海，复州河流其境内入渤海。

宁海　奉天府所辖县，位于奉天府东南部，辽东半岛南端。道光二十三年（1843），改为金州厅。

臧庸（1767—1811）　原名镛堂，字在东。江苏武进（今常

1811	嘉庆十六年	是年，统计全国人口三亿五千八百六十一万余人。
1811	嘉庆十六年	是年，学者**臧庸**去世。
1812	嘉庆十七年	正月二十日，福建省盐场官员虚报盐斤数被查出，遭处罚。
1812	嘉庆十七年	二月二十日，因京城内外窃案繁多，而斥责各该管官员。
1812	嘉庆十七年	二月二十三日，将伊犁驻防八旗公种田改由八旗闲散**余丁**自行耕种。

州）人。高祖臧琳为杰出经学家。臧庸少时读高祖文稿，遂有志于汉学考据。与弟礼堂皆以卢文弨为师。乾隆五十八年（1793），前往当时汉学中心苏州，结识钱大昕、段玉裁、王昶等众多学者。翌年，经钱、王举荐，入毕沅府执教。嘉庆二年（1797），应阮元之邀，主编《经籍纂诂》。三年后，又受阮氏之托，校对十三经。十二年，助浙江学政刘凤诰编成《五代史记注》。臧庸一生虽屡应乡试不中，但好学不倦，考据文字，剖析精微。除襄助他人外，个人著述亦颇丰。其卒年仅四十多岁，却有《拜经日记》、《拜经堂文集》等近三十种著作传世。

余丁　清代八旗，定期（一般为三年）编审丁口，将成丁人口入册，裁汰超龄者。其在册之丁，有资格挑取甲兵。因兵额有限，未能挑取甲兵之丁，便称为余丁。

1812	嘉庆十七年	三月初一日，两江总督奏报黄河李家楼决口处合龙，河水归故道。
1812	嘉庆十七年	三月初九日，嘉庆帝谒东陵诸陵。
1812	嘉庆十七年	三月二十五日，直隶总督**温承惠**奏请疏浚天津、静海等处淤塞河道，获准。
1812	嘉庆十七年	四月初二日，拟将京城八旗之闲散人移居吉林业农。
1812	嘉庆十七年	五月初五日，定修筑淮扬运河西岸通湖闸口及洪泽湖坝。
1812	嘉庆十七年	五月初八日，直隶**钜鹿县**拿获习教聚众者，为首者处死或发遣。
1812	嘉庆十七年	五月十六日，议**闲散宗室**移居盛京章程。

温承惠（？—1832）　字景侨。山西太谷人。乾隆四十二年（1777）拔贡生，以朝考一等留京。累迁为郎中。五十八年，补陕西延榆绥道。嘉庆十年（1805），迁为江西巡抚。次年，调往福建，兼署总督。值海盗猖獗，承惠增兵要地，禁沿海接济，以措施得宜受嘉奖。十二年，调任直隶总督。十八年，京师林清变乱，以不能先事稽查、征剿迟缓被夺职，专治粮饷。二十三年，迁为山东按察使。任内，清查积案，掊击贪酷，吏治为之一变。然因与上司不睦，被劾横肆不受节制及滥禁无辜，夺职，遣戍伊犁。旋开释。二十五年，复起为湖北布政使。道光

1812	嘉庆十七年	五月十七日，直隶泺州查获**八卦教**组织，为首者处死或发遣。
1812	嘉庆十七年	六月二十八日，停止吉盐官运，照旧制许民捞制贩卖，限制销售区域。
1812	嘉庆十七年	六月，定整顿西藏行政积弊条文。
1812	嘉庆十七年	七月十八日，以木兰秋狝，嘉庆帝一行离京启程。
1812	嘉庆十七年	七月二十五日，谕各省，严禁滥施刑讯取供。
1812	嘉庆十七年	八月十八日，户部奏报，全国各省亏欠正赋银达一千九百余万两，安徽、山东、江苏等省积欠最多。

元年（1821），以老衰降户部侍郎。不久，称病辞官。

钜鹿县 或作巨鹿县，直隶所辖县，在该省南部，属顺德府。今仍名巨鹿县。

闲散宗室 清代宗室中，凡未封予王、贝勒、贝子、公及镇国将军以下将军世职者，均称为闲散宗室，他们是宗室中身份较低者，清中期以后，占整个宗室的绝大多数。

八卦教 秘密宗教组织，为白莲教之支派。康熙年间由山东单县人刘佐臣创立。因所聚教徒按八卦之名分别下属支系组织，因得名八卦教。教首由刘氏世代相传，乾隆中，遭官府镇压，刘氏教首被处死，嘉庆年间，又秘密

1812	嘉庆十七年	九月初六日，于台湾鹿耳、淡水等处建炮台、兵房。
1812	嘉庆十七年	九月十七日，因嘉庆帝决定于嘉庆二十年再次东巡谒**关外三陵**，命于天津盐斤加价项下拨银，以备工需。
1812	嘉庆十七年	九月二十五日，大学士**庆桂**因年迈退出军机处。
1812	嘉庆十七年	九月，四川总督奏该省少数民族与汉族杂居地区租佃等管理章程。
1812	嘉庆十七年	十月二十二日，命松筠、**初彭龄**查勘南河工程。

发展，改名天理教，流行于河南、山东、直隶一带，并发动过反清起义。

关外三陵　即盛京三陵，为清入关前各帝陵墓的总称，包括盛京东陵即葬清太祖之福陵、盛京北陵即葬清太宗之昭陵，和葬清太祖之先祖的永陵。

庆桂（1735—1816）　字树斋，姓章佳氏，镶黄满洲旗人。大学士尹继善之子。乾隆二十年（1755），以荫生入官。几经升迁，至三十六年，官军机大臣。此后历任伊犁参赞大臣、乌里雅苏台将军、盛京将军、黑龙江将军兼兵部尚书等职，并得皇帝赏识。嘉庆四年（1799），授刑部尚书，协办大学士，复值军机。寻授文渊阁大学士，并监修《高宗实录》。九年，任领侍卫内大臣。晋太子太师。十八年，以老休致。庆桂久值军机，稳重谨

1812	嘉庆十七年	十一月初三日，严定越级控诉章程及处罚条例。
1812	嘉庆十七年	十一月二十四日，官员提出令闲散旗人业农以解决八旗生计，嘉庆帝不采纳。
1812	嘉庆十七年	十一月二十七日，嘉庆帝拟将部分旗人移居吉林旷地耕种。
1813	嘉庆十七年	十二月初一日，将以前盗匪罪犯发东北为奴之例改为遣往新疆及烟瘴极边之地。
1813	嘉庆十七年	十二月二十六日，增京师步军营、巡捕营兵额四千，以八旗**正身旗人**挑补，以裕其生计，免滋事。

慎，身后谥为“文恪”。

初彭龄（？—1825） 山东莱阳人。乾隆四十五年（1780）进士，授翰林院编修。五十四年，升江南道御史。任内，因弹劾协办大学士彭元瑞及江西巡抚陈淮，名震一时。嘉庆四年（1799），授云南巡抚。六年，回京，历任刑部、工部、户部侍郎。彭龄为人耿介，不畏权贵，屡参劾封疆大吏，多次奉命往各省复审地方官违纪事，能秉公持正。然亦数度被劾降职。期间，累署安徽、山西、陕西、江苏诸省巡抚之职。道光元年（1821），官至兵部尚书。四年，以年老休致。

正身旗人 清代对八旗中有自身独立户籍之旗人的称谓，相对于此，凡没有独立户籍，其名列于旗人户主之下者，均为旗人奴仆，称户下人、旗下家奴。有正身旗人之名，表明其具有一般旗

1813	嘉庆十七年	十二月二十七日，命各税关监督于各分设关口派官督同书吏、家丁收税，不得只派家丁等人。
1812	嘉庆十七年	**江藩**名著《**国朝汉学师承记**》约于此年成书。
1813	嘉庆十八年	正月初七日，**喀喇沁蒙古**贝勒丹巴多尔济故

人应有的入仕为官、挑取各种甲兵的权力，法律上也有相应特权。

江藩（1761—1831）　字子屏，号郑堂。江苏甘泉（今扬州）人。为国子监生。少时受业于余萧客和江声，二人以其师惠栋之学授江藩。后又受知于朱筠等人，学益长进。乾隆五十二年（1787），为生活所迫，离开扬州。此后遍游直隶、山东、山西、江苏、浙江、福建、广东，得识众多知名学者。江藩博通群籍，治学门户森严，极力倡导汉学，推崇该学派。约于嘉庆十七年（1812），写下名著《国朝汉学师承记》，后又陆续撰成《国朝经师经义目录》与《国朝宋学渊源记》，成为论述清代经学历史的首创之举。十八年，应阮元之聘，主持江苏山阴（今淮安）丽正书院。二十二年，赴广州参与编修《皇清经解》与《广东通志》。书成返乡，清贫度晚年。另有《尔雅小笺》、《隶经文》、《乐县考》及《炳烛室杂文》等多种著述。

国朝汉学师承记　即《汉学师承记》，作者江藩，为乾嘉考据学大家惠栋的再传弟子。此书于两汉经学家治经法则之流传，清代经学之源流及其对前人的继承等等，作了详细记述，因其恪守本

		世。后嘉庆帝亲临其丧祭奠。
1813	嘉庆十八年	二月初三日，定八旗满洲、蒙古之低级职官及一般兵丁之女不再挑选秀女。
1813	嘉庆十八年	二月初三日，定**外扎萨克蒙古**王公年六十五以上者，**年班**赴热河，不必来京。

门“汉学”治学方法门户之见，对其他门派未予著录。

喀喇沁蒙古　漠南蒙古部落之一，出山海关以北即为该部蒙古，是距离北京最近、人口较多的一个蒙古部落。共分三旗，为喀喇沁右旗、中旗、左旗，与其东部的土默特蒙古二旗共同组成卓索图盟。该部蒙古领主姓乌梁海氏，乃成吉思汗功臣济拉玛的后裔。喀喇沁蒙古是与清廷建立通好关系较早的部落，在清入关后也与清廷关系较密近，世代通婚，人次众多。由于距离关内较近，山东等省汉民去该地开垦种植并落户者也较多。

外扎萨克蒙古　清廷将所统辖之蒙古皆编旗治理，每旗设一名领主贵族总管旗务，称之为扎萨克，这种旗也称扎萨克旗，或简称扎萨克。其中归附清廷较早、离内地较近之蒙古诸部旗，称为内扎萨克，主要指漠南蒙古地区诸部旗。此外则称外扎萨克，主要是漠北蒙古及青海地区蒙古。

年班　清代所定少数民族首领朝觐皇帝的制度。因人数较多，且距京师之路程远近不同，而分为班次，轮班进京，一般是在每年十二月至京，次年正月返回，在元旦年节之时觐见皇帝，因而称为年班。清廷还规定，凡已出痘

1813	嘉庆十八年	三月初九日，嘉庆帝谒西陵启程。
1813	嘉庆十八年	四月，因大旱，嘉庆帝多次亲自**祈雨**。
1813	嘉庆十八年	五月，因河南省旱灾，发粮赈济。
1813	嘉庆十八年	六月初九日，重申皇族与汉民人结姻禁令。
1813	嘉庆十八年	六月十四日，定售卖鸦片及吸食者治罪条例。
1813	嘉庆十八年	六月，将北京之闲散宗室七十户移居盛京。
1813	嘉庆十八年	六月，严查京城囤积居奇之粮商铺户。
1813	嘉庆十八年	六月，拨奉天官仓米并截留漕米，赈直隶旱灾灾民。

（天花）者，即所谓“熟身”之人，参加年班，未出痘者，则另编班次，赴热河承德，于皇帝在秋末木兰行围时觐见，称为“围班”，以防年节时北京流行天花而传染。

祈雨 即向天求雨。春夏之时，北方经常缺雨，出现旱灾，严重影响农田种植、收成，造成民生困荒，并影响社会安定，因而一遇久旱缺雨，民间便以各种方式祭神求雨，处于北方的北京朝廷，也采取祭天、祭龙王等形式祈求降雨。

天理教 清代民间秘密宗教组织，源于以前的八卦教，仍以八卦卦名作为教徒组织名称。嘉庆中期以前，流行于河南、山东、直隶等省，信奉“真空家乡，无生父母”，朝夕诵拜，以祈福禳

1813	嘉庆十八年	七月初一日，自六月二十八日、二十九日至本日，京畿地区三天连降大雨。
1813	嘉庆十八年	七月初十日，命沿海海关严查鸦片，命京城及各省督抚缉拿售卖者。
1813	嘉庆十八年	七月十八日，嘉庆帝由京启程，赴热河木兰秋狝。
1813	嘉庆十八年	九月初三日，命赈直隶南部旱灾地区。
1813	嘉庆十八年	九月初五日，河南**天理教**首领**李文成**筹划起事被发觉，本日遭捕。
1813	嘉庆十八年	九月初七日，天理教首**冯克善**等领教徒攻克**滑县**，救出李文成，杀该县知县。

灾。曾定于嘉庆十八年九月十五日（1813年10月8日）在直隶、河南、山东同时起义，河南一支因事泄而提前于滑县行动。直隶地区以林清为教首的教军曾攻入北京的紫禁城。各地起义者于数月内先后被清军镇压。

李文成（1766－1813） 河南滑县人。木工出身。嘉庆间入天理教（又名八卦教）。嘉庆十六年（1811），被推为教首，掌管“震卦”组织。同年，豫、鲁、冀三省教首于滑县聚会，文成被推为“人皇”，与林清共掌八卦教。十七年，在滑县道口镇与林清等约期起义。次年，事泄，被捕。旋为教徒救出，遂提前聚众攻陷滑县，杀知县强克捷。文成称“大明天顺李真主”，分封部下。相继攻陷屯粮要地道口镇及

1813	嘉庆十八年	九日初十日，本日及此后几日，河南、山东、直隶等省多处发生天理教起事。
1813	嘉庆十八年	九月十五日，天理教徒攻入紫禁城，激战半日至夜而失败。
1813	嘉庆十八年	九月十六日，嘉庆帝在回京途中布置剿拿各地天理教徒。
1813	嘉庆十八年	九月十七日，天理教首领**林清**在京南大兴县被捕。

附近军事据点。后滑县遇围，退往辉县。十八年底，战败自焚而死。

冯克善（1778—1814）　河南滑县人。李文成之表弟。素习武艺。嘉庆间加入八卦教，后分掌“离卦”教。嘉庆十六年（1811），豫、鲁、冀三省教首于滑县聚会，被推为“地皇”。十七年，至德州传教，旋与林清、李文成等议定同时举事反清。次年，滑县起义，他率教众攻克浚县。后滑县遇围，率众突围，仅只身逃至景州。欲往山西策动教徒起事，行至献县被捕，解京后遇害。

滑县　在河南省北部，属卫辉府，与直隶省南端交界。今仍名滑县。

林清（1770—1813）　直隶大兴（今属北京）人。原为大兴巡检司书吏。嘉庆十一年（1806），加入荣华会（即八卦教）。因轻财好义，为教民所拥戴，掌管“坎卦”教。在河北各地，尤其京畿附近传教。十六年，与各地教首在滑县聚会，被推为“天

1813	嘉庆十八年	九月十九日，嘉庆帝回至京城。
1813	嘉庆十八年	九月二十一日，任**曹振镛**、松筠为大学士。
1813	嘉庆十八年	九月二十三日，林清等被处死。
1813	嘉庆十八年	九月二十六日，严定北京各城门防守稽查章程。
1813	嘉庆十八年	九月二十九日，调兵赴河南镇压天理教众。
1813	嘉庆十八年	十月初八日，命**那彦成**为钦差大臣，赴河南总统剿天理教军务。

皇”，与李文成共管八卦教（后称天理教）。十八年，河南滑县因事泄提前起义。林清因未得此讯，遂按原部署起事，派二百名教徒，由入教太监接应，于九月十五日（1813年10月8日）攻入皇宫。因人少力孤，起义失败。林清于大兴黄村被捕遇难。

曹振镛（1755—1835） 安徽歙县人。乾隆四十六年（1781）进士，授翰林院编修。此后十余年，在京历任翰墨文职，出京任河南、广东学政。嘉庆三年至五年（1798—1800），居家守父丧。此后七年先后任内阁学士、江西学政、工部及户部尚书。十八年，拜为大学士。嘉庆二十五年，宣宗嗣位后，又兼军机大臣。更于道光八年（1828）晋封太傅，此殊荣有清一代仅少数人臣能于生前获得。十五年去世时，道光帝特下长诏，旌表其功，赐谥“文正”。振镛历仕三朝，勤谨恭俭，深受倚重。凡纂修《河工方略》、《全唐文》及两朝实录等，都出任总裁，且多年主

1813	嘉庆十八年	十月十二日，禁私藏鸟枪，命严行查缴。
1813	嘉庆十八年	十月十三日，革温承惠直隶总督。
1813	嘉庆十八年	十月十六日，嘉庆帝严厉督催那彦成急速进剿天理教。
1813	嘉庆十八年	十月二十一日，命托津往河南督办军务。
1813	嘉庆十八年	十月二十六日，命京城严行编查保甲。
1813	嘉庆十八年	十月二十七日，命直隶屯居之汉军旗人归所在州县管辖，编入保甲。因该管佐领在京，

持乡、会两试，负责选拔人才。

那彦成（1764—1833） 正白满洲旗人。乾隆五十四年（1789）进士，授编修之职，并入值南书房。四迁至内阁学士。嘉庆三年（1798），命在军机处行走。四年，嘉庆帝亲政后，出任工部尚书并兼数职。适值平白莲教起义，那彦成督办陕西军务。次年，因未能阻止教军入川，降为侍讲学士，后被起用。九年代理陕甘总督，年底时授两广总督。时海盗为患，那彦成以赦免或奖赏之法招抚海盗五千余人，但遭弹劾过分宽容而革职，发遣伊犁。后起用，十四年，再任陕甘总督。三年后，奉命赴河南滑县镇压天理教起义，以功封三等子爵，授直隶总督。二十一年，因在西安任职时滥用赈银一事受劾，下狱论死，后缴完赔银，获宽免归家。道光继位后（1821），历任吏部、刑部尚书及陕甘总督诸显职，并参与征剿

		不准离城，直隶汉军旗人有参加天理教。
1813	嘉庆十八年	十月二十八日，惩处汉军旗籍、直隶籍之**科道官**。
1813	嘉庆十八年	十一月初一日，准山东省运河清淤。
1813	嘉庆十八年	十一月十六日，定放赈条例，以防胥吏舞弊。
1813	嘉庆十八年	十一月十八日，吉林、黑龙江骑兵到河南省。
1813	嘉庆十八年	十一月十九日，**杨芳**所统清兵于**辉县**重创李文成天理教众。

新疆张格尔叛乱。十年，新疆再次发生骚乱，那彦成被劾浩罕人入侵为其之前断绝贸易所致，故被削职。两年后去世。

科道官 科，指六科（吏科、户科、礼科、兵科、刑科、工科），各科设官为给事中；道，指都察院下属的各监察道，各道设官为监察御史。以上各科给事中、各道监察御史，因职司有相似之处，如建言时政，纠劾不法官员等，所以又常合称为科道官，且称之为“言官”，即建言之官。六科本为独立机构，雍正年间合并于都察院，所以六科给事中与各道监察御史这科道官又为同机构之官。

杨芳（1770－1846） 贵州松桃人。少习文，屡应试不中，遂入伍，充书记官。为杨遇春赏识，荐为把总。嘉庆二年（1797），随额勒登保镇压白莲教起义。五年，以功获赐巴图鲁称号，升广西新泰协副将，后入陕征剿教军

1813	嘉庆十八年	十一月二十日，清兵与天理教军激战，李文成等首领自焚，数千教众被歼。
1813	嘉庆十八年	十二月初八日，禁民人结会、聚众烧香。
1814	嘉庆十八年	十二月十二日，清军攻克滑县城，天理教首领战死或自杀，二万多教军阵亡、烧死。
1814	嘉庆十八年	十二月十七日，定传习邪教治罪条例。
1814	嘉庆十八年	十二月二十日，禁开设小说坊肆，不准演好勇斗狠内容之杂剧。
1813	嘉庆十八年	学者法式善、**钱大昭**去世。

余部。十一年，因对宁陕哗变士兵宽容处理，被夺职遣戍伊犁。次年释回。十八年，参与镇压河南天理教徒及岐山三才峡木工起义。二十年，升甘肃提督。道光初，历任直隶、湖南、固原提督。道光六年（1826），参与平定回疆张格尔叛乱，擒张格尔于喀尔铁盖山，晋封三等果勇侯，加太子太保。二十三年，致仕。著有《平平录》等。

辉县 与滑县同属卫辉府，在河南省北部，滑县之西偏南，相距七十公里左右。今仍名辉县。

钱大昭（1744—1813） 字晦之。江苏嘉定（今属上海）人。钱大昕之弟。大昭年少大昕近二十岁，事兄如严师，得其所授，时有“两苏”之说。壮年随兄居京师，代友人校录《四库全书》。得观人间之秘，学益浩博。后随兄往广东。嘉庆元年（1796），

1814	嘉庆十九年	正月初七日，因军需、河工费用浩繁，决定**暂开捐例**。
1814	嘉庆十九年	正月十二日，嘉庆帝亲审被俘之天理教首领冯克善、**牛亮臣**，凌迟处死。
1814	嘉庆十九年	正月二十五日，因白银大量外流，命两广总督、粤海关监督严查外国商人以洋银圆换中国银两外运。
1814	嘉庆十九年	二月，陕西南部山林木工起事，至此月被剿平。
1814	嘉庆十九年	闰二月初九日，侍讲学士蔡之定奏请发行纸币，被驳斥、议处。

经地方官举荐，授孝廉方正，赐六品顶戴。六年，与其兄一起编修《长兴县志》。十八年，卒于浙江松阳。大昭生平不嗜荣利。治经善于抉择，能入汉儒深奥处。有《诗古训》、《说文统释》、《尔雅释文补》等。于正史尤精于两汉，有《两汉书辨疑》、《后汉书补表》等作。

暂开捐例 即暂行事例，为捐纳之一种。捐纳者可得实官，不常举行，故有暂行事例或暂行捐例等称谓。

牛亮臣（1761－1814） 河南滑县人。曾任该县县库书吏。嘉庆十一年（1806），因亏空逃往保定，拜林清为师，加入八卦教（后称天理教）。十七年，与林清、李文成等在滑县道口镇聚会共议举事。次年，因在滑县组织教徒制造军械，被官府侦知，与李文成同时遭逮捕下狱。旋为教

1814	嘉庆十九年	闰二月二十六日，编辑《**全唐文**》告成。
1814	嘉庆十九年	三月二十二日，重申传习天主教禁令。
1814	嘉庆十九年	三月二十六日，令裁减各省**绿营兵**。
1814	嘉庆十九年	四月初二日，以各省未解交户部银两增多，痛斥各督抚。
1814	嘉庆十九年	四月初四日，因牲兽甚少，停本年木兰秋猕。
1814	嘉庆十九年	四月十一日，因直隶官员失察天理教之起事，命将镇压之军费归于各官摊扣。
1814	嘉庆十九年	四月二十五日，取中龙汝言等二百二十六人为进士。名学者**刘逢禄**为此科进士。

徒宋元成等救出。滑县起义后，被推为军师。十八年底，滑县被围，城破后，被捕遇害。

全唐文　嘉庆年间由大学士董诰等人主编的一部总集，收唐、五代共三千多人的一万八千四百八十余篇文章，并附各作者小传，共一千卷。所收之文以内府所藏旧钞本《唐文》为主，兼采《唐文粹》、《文苑英华》等书所收而成，并参考《四库全书》中所收的唐人别集，作了不少考辨。

绿营兵　清代正规军之一种，因营兵以绿色旗为标识而得名，当兵者均为汉人，总额大约在六十多万，分布于京师、各省及边疆地区，负责戍守及各种专项差务，战时奉调出征。以步兵为主，另有马兵、水师。其兵士待遇低于八旗兵。

1814	嘉庆十九年	五月初四日，重申严查广东鸦片，以杜绝来源。
1814	嘉庆十九年	五月初五日，准商民于新疆开矿。
1814	嘉庆十九年	七月二十五日，以山东省吏治废弛，将巡抚同兴、**藩司**朱锡爵革职。
1814	嘉庆十九年	七月二十九日，令申明关市例禁，以防胥吏等滥征商税。
1814	嘉庆十九年	八月初六日，因江苏省亏空银两逐年增多，命严查处理。
1814	嘉庆十九年	八月，浙江因大旱，米价腾贵。

刘逢禄（1776－1829）　字申受。江苏武进（今常州）人。为名门后裔，其祖父为大学士，外祖庄存与及舅父庄述祖以经术名世。童年兼受师教与母教。嘉庆十九年（1814）成进士，入翰林。三年后，受任为礼部主事。道光四年（1824），升任礼部郎中，直至亡故。刘氏为学，务通大义，而不专章句。有志于研究《春秋公羊传》，专主张董生、何休之说，撰有《公羊春秋何氏释例》。又认为《论语》仅次于《春秋》，皆显圣人微言大义，故撰成《论语述何》一书。还提出刘歆盗用《左传》之说，认为《左传》原非《春秋》传文，因此写成《左氏春秋考证》。刘氏一生志趣广泛，还著有《易虞氏变动表》、《尚书今古文集

1814	嘉庆十九年	九月初一日，嘉庆帝诏谕百官，实心为政，为国分忧解难。
1814	嘉庆十九年	九月初一日，禁地方官员将**幕务**假手属下**候补**官员。
1814	嘉庆十九年	九月二十二日，御史奏请严禁赌博。
1815	嘉庆十九年	十一月二十二日，准于新疆荒废牧场开垦为农田。
1815	嘉庆十九年	十一月二十五日，因山东亏空严重，命严查

解》、《诗声衍》等作。

藩司 代指各省之布政使司或布政使。管一省之民政、财政。

幕务 清代之地方各级长官如总督、巡抚、布政使、按察使、道员、知府、知州、知县等，多雇用幕宾帮办政务，这些政务主要是钱谷（财政收支）、刑名、拟写往来公文及信件，因而又有将这些政务称为幕务者。

候补 即候缺待补，指官员已取得任用某职官的资格和机会，但该职官之官缺尚未空出，需要等候。

屯种 此处指官方组织的旗人垦种。嘉庆十九年（1814），在吉林地区选屯居之旗人之丁一千名，发给银两、种籽，每名拨荒地四点五顷。种十年后，以三顷交公，拨予其他旗人耕种，余下一点五顷，留给原垦种之人，作为其私有田地。

洋行 洋行有两种，一种是中国商人所开办，经过清官方特许的与外国商人进行贸易的商行，如广州十三行。这种洋行的行商还

		以前侵贪之官重处。
1815	嘉庆十九年	十一月二十六日，于吉林闲散旗人内挑选屯丁，拨予荒地**屯种**。
1815	嘉庆十九年	十一月二十八日，命两广总督严查久居澳门之英国人司当东。
1815	嘉庆十九年	十二月初二日，准两广总督所奏整饬**洋行**章程。
1814	嘉庆十九年	学者**赵翼**、**鲍廷博**去世。

受官府之命，照管与监督外国商人在华之居住与活动，充当外国商人与清政府之间的中介人，办理各种交涉事务。另一种洋行指外国商人在华设立的商行。

赵翼（1727—1814）　字耘松，号瓯北。江苏阳湖（今常州）人。少有才名。乾隆十九年（1754）由举人选用内阁中书，入值军机处。二十六年，又参加科举而中探花，授编修之职，参与修撰了《通鉴辑览》、《平定准噶尔方略》等书。以后历任广西镇安知府、广州知府、贵西兵备道等职。三十七年，以母老为名辞官归家。此后四十多年中，除一度应福建总督李侍尧之邀，参与镇压台湾林爽文起义外，一直在家专心著述，并主讲扬州安定书院。赵翼工诗善文，和蒋士铨、袁枚齐名；尤精于史学，与钱大昕、王鸣盛并称。嘉庆元年（1796），完成了代表作《二十二史札记》，对我国历代正史的编撰体裁及主要内容进行考订、分析与评论。此外还著有《陔余

1815	嘉庆二十年	正月，准于吉林胡家屯等处开煤矿，以裕旗人生计。
1815	嘉庆二十年	二月初一日，官员奏报，山东省积欠银仍达六百多万两。
1815	嘉庆二十年	三月十五日，据报，**达赖喇嘛九世**故世。
1815	嘉庆二十年	三月，两广总督定查禁鸦片奖惩规条。
1815	嘉庆二十年	三月，四川将传习天主教者多人惩处。
1815	嘉庆二十年	五月，僧人王树勋捐纳得官事发，被遣往

丛考》、《檐曝杂记》、《皇朝武功纪盛》、《瓯北文集》等。嘉庆十九年病卒，年八十八。

鲍廷博（1728—1814） 安徽歙县人。出身商贾之家。早年中过秀才，后四次乡试不中，遂无意于功名，从此专志于收藏图书，闭门攻读。鲍氏书斋，名“知不足斋”，以收藏宋元珍本书籍著称。乾隆三十八年（1773），开《四库全书》馆，鲍氏进呈藏书六百二十六种。当时诸藏书家中仅有三家能进献图书五百种以上。即在此时，鲍氏将其所藏刻成《知不足斋丛书》陆续刊出。此部丛书因校勘严谨、印刷精良而蜚声海内。至嘉庆十八年（1813），已刊行二十六辑，嘉庆帝为此特诏授他为举人。时鲍氏已八十六岁。次年，又刊出两辑后辞世。鲍氏著有《花韵轩咏物诗》等作，因有《夕阳》诗三十余韵，故世称“鲍夕阳”。

达赖喇嘛九世（1805—1825）

		黑龙江。
1815	嘉庆二十年	六月十三日，嘉庆帝谆谆告诫督抚等廉洁为政。
1815	嘉庆二十年	六月十四日，嘉庆帝告诫百官，应勤政爱民，勿因循怠政。
1815	嘉庆二十年	六月二十九日，御史胡承珙奏请严查**胥吏**坏政。
1815	嘉庆二十年	六月，永定河决口。
1815	嘉庆二十年	七月初五日，禁商民运米出洋售卖。

法名隆朵嘉措，嘉庆十二年（1807），其三岁时被认定为上世达赖喇嘛的转世灵童，由家乡迎至拉萨居住。次年，在布达拉宫坐床，由他人代摄其政，其间，英国与西藏相邻之廓尔喀（今尼泊尔）发生战争。达赖九世于嘉庆二十年死去，仅十一岁。

胥吏 官衙中任杂务的人员，不属于官，数量大大超过官员，广泛存在于中央及地方各衙署中。按职任之不同又可分为文吏及胥役两种。文吏又称书吏，又因所任事之衙署不同而有不同称呼，如经承、供事、房书等，从事收发公文、查核档册、抄写文件、造报册簿及收贮档案等。胥役专供驱使奔走，从事各种杂役，如衙门之看守、站堂、传递公文、缉捕、押解犯人、催征赋税等。州县衙门中的所谓“三班六房”即属胥吏。其三班：皂班、快班、壮班为胥役。六房之吏房、户房、礼房、兵房、刑房、工房

1815	嘉庆二十年	七月二十日，嘉庆帝等启程赴热河木兰秋狝。
1815	嘉庆二十年	八月，两江总督报拿获教首**方荣升**。
1815	嘉庆二十年	九月十九日，西方传教士李多林潜回四川继续传教，被查获处死。
1815	嘉庆二十年	九月二十日，河南**陕州**等地地震，死伤多人。
1815	嘉庆二十年	九月二十一日，山西**解州**、**蒲州**等处地震，死七千多人。
1815	嘉庆二十年	十月十三日，嘉庆帝接山西地震奏报，派官赈恤。
1815	嘉庆二十年	十月二十一日，西方传教士兰月旺于湖南等

各房中的“房书”，为文吏，负责各类政务中的文职杂事。

方荣升（1781－1815）　安徽巢县（今巢湖）人。水手出身。嘉庆十三年（1808），加入无为教（又称收圆教）。十六年，被破获而发配安徽灵壁县。于配所编成《破邪显证明心录》。十八年，乘黄河泛滥，逃回和州，重整收圆教。曾率教徒在安徽、河南等地散布帖子，具浓厚反现世之思想。后未及起事，即被清廷发觉，被捕遇害。

陕州　河南省府级直隶州，在该省西端，西接陕西，北部与山西隔黄河相邻。下辖三县：灵宝、阌乡、卢氏。

解州　山西省所辖府级直隶州，

		省传教被捕，判绞刑。
1815	嘉庆二十年	十月二十九日，查获**清茶门教**传教人王秉衡。
1815	嘉庆二十年	十月三十日，命各省学政力行教化，劝民勿习邪教。
1815	嘉庆二十年	十一月十四日，谕将直隶省七万多顷官荒地、入官地招垦租佃。
1815	嘉庆二十年	十一月十八日，通谕京城及各省官员，严查习教者。
1815	嘉庆二十年	十一月十八日，命查禁安徽**婺源**等地卖妻溺女恶俗。

在该省南端，南部隔黄河与河南省之陕州相邻。下辖平陆、安邑、夏县、芮城等四县。

蒲州　即蒲州府，山西省所辖府，在该省西南端，东接解州，西部隔黄河与陕西省相邻。下辖永济、临晋、荣河、猗氏、万泉、虞乡等六县。

清茶门教　民间秘密宗教，源于明末的闻香教，影响较大，流传于直隶、山西、河南、山东、江苏、安徽、湖北等省，教首由王氏家族世传。入教之人崇奉弥勒佛、观音菩萨、无生老母，恪遵三皈五戒，即皈佛、皈法、皈师，戒杀、戒盗、戒淫、戒酒、戒诳语，每月朔、望在家敬神。被官府视为邪教，屡遭查禁，嘉

1815	嘉庆二十年	十一月二十六日，革礼亲王**昭梿**王爵。
1816	嘉庆二十年	十二月初七日，山西平陆知县陆樟以身禳地震之灾，自尽。嘉庆帝予以旌恤。
1816	嘉庆二十年	十二月十四日，令严查传习清茶门教之人。

庆年间，王氏家族教首多人被查获，遭残酷惩治，此教由此衰落。

婺源　安徽省所辖县，位该省南端，隶徽州府，与江西、浙江两省交界。今为江西省所辖县，仍名婺源。

昭梿（1780—1833）　号汲修主人。清太祖次子代善礼亲王爵的第八位继承人。嘉庆七年（1802），年二十二，封为不入八分辅国公。十年，承袭礼亲王爵。二十年，被人指控强命某满洲大臣、辱骂另一大臣以及对本府庄头滥用非刑三大过失。前两条尤其触犯帝王权力。经查后，诏命革去王爵，交宗人府拘禁候审。次年初，被判圈禁三年。半年后，解除圈禁。昭梿撰有《啸亭杂录》、《啸亭续录》两部笔记（或曰有他人所撰内容），书中记述了大量清代史实，尤其是有关乾、嘉两朝的记载，极为珍贵。昭梿亦赖此著得以青史留名。

姚鼐（1732—1815）　字姬传，号惜抱居士。安徽桐城人。师从刘大櫆。乾隆二十八年（1763），中进士，选入翰林院庶吉士。后几经升迁，官至刑部郎中。期间，屡任乡、会两试考官并参与编撰《四库全书》。乾隆三十九年，辞官。从此专志于讲学，先后在扬州、安庆及南京等地书院执教，达四十多年。讲学之余，于嘉庆八年（1803）参与编撰了《庐州府志》；十六年，主编了《江宁府志》。二十

1816	嘉庆二十年	十二月二十一日，将传布清茶门教之王姓族人数名凌迟处死。
1816	嘉庆二十年	十二月二十五日，定山东追还亏欠章则。
1815	嘉庆二十年	学者**姚鼐**、**段玉裁**、**祁韵士**、**梁同书**去世。

年，卒于南京钟山书院，享年八十五岁。姚鼐善书法，尤工古文。为文主张“义理”、“考据”、“词章”并举，其文严谨、简洁、流畅。是继方苞、刘大櫆之后，“桐城派”又一古文大家。著有《惜抱轩全集》及选编的古文集《古文辞类纂》。

段玉裁（1735－1815）　字若膺。江苏金坛人。读书有兼人之资。乾隆二十五年（1750）中举。随后入京师，得遇著名学者戴震，奉以为师，并终生追随。曾执教于北京景山官学与山西寿阳书院。三十五年，授贵州玉屏知县，后历任四川富顺、南溪、巫山等地知县。四十五年，称病辞官。段氏以文字训诂为治经门径，专心致力于小学。积数十年之精力，专治东汉许慎的《说文解字》，为此书详细作注，改其讹误，并创通条例，阐明音韵训诂。终于嘉庆十二年（1807），撰成《说文解字注》，后于十七年刊行。段氏另著有《周礼汉读考》、《古文尚书撰异》、《经韵楼集》等。

祁韵士（1751－1815）　字鹤皋。山西寿阳人。幼喜史地，于疆域山川形势、古人爵里名氏，无不记览。乾隆四十三年（1778），中进士，授翰林院编修。后任国史馆纂修，参与编撰《外藩蒙古回部王公表传》，历时八年。后来，又据同一数据撰成《皇朝藩部要略》。五十六年

1816	嘉庆二十一年	正月初七日，严禁诸王、大臣与**内奏事处**太监交接。
1816	嘉庆二十一年	正月，于湖南、湖北捕获清茶门教教徒多人。
1816	嘉庆二十一年	二月，将浙江**长兴**等地入籍棚民编立保甲。
1816	嘉庆二十一年	三月初三日，谕行保甲互保制，以杜隐匿之弊。
1816	嘉庆二十一年	三月二十一日，嘉庆帝于谒东陵回京途中，

起，于户部历任数职。期间，在郎中任上，将嘉庆四、五年间（1799、1800）有关漕运的奏折及呈文辑为《己庚编》。六年，出任宝泉局（铸钱局）监督。九年，下属舞弊案发，韵士受其牵连，被谪戍伊犁。十四年，方得赦返。流放期间，参与编写地方志《新疆识略》；并缘其经历撰成《西陲要略》、《西域释地》等著述。十六年起，先后执教于兰州兰山书院及保定莲池书院，以讲学终其生。另著有《书史辑要》、《万里行程记》等。

梁同书（1723—1815） 字符颖，号山舟。浙江钱塘（今杭州）人。乾隆十二年（1747）中举。五年后，会试未第，高宗特赐其参加殿试，得以中进士并入翰林院。累迁至侍讲学士。同书淡泊名利。二十三年，为父守丧后，又称病辞官，从此闲居家中。嘉庆十二年（1807），中举六十周年之际，入京参加鹿鸣宴。二十年卒，年九十三。同书为书法大家，初法颜、柳，中年

		亲至原大学士朱珪之墓祭奠。
1816	嘉庆二十一年	三月，钦差大臣**赛冲阿**领兵至西藏，防卫边境。
1816	嘉庆二十一年	四月，将在河南省传布清茶门教多人处死、发遣。
1816	嘉庆二十一年	五月十七日，重申保甲内同牌十户连保制。
1816	嘉庆二十一年	五月二十九日，广东官员奏报，英国派遣使团来华。

学米芾，以后形成本人风格，颇得盛誉，日本、琉球皆喜其作。又与同时代的另两位书法家梁山献、梁国治，合称“三梁”。著有《频罗庵遗集》。

内奏事处　设于皇宫乾清门内西侧，与乾清门外之外奏事处共为“奏事处”，负责在皇帝、内廷与官员、行政机构之间传递文件、转达事件。内奏事处职掌由太监充任，只与外奏事处相联系，而不与外朝之官员、机构接触，以防太监与外朝官员勾结，将御前机密泄漏于外朝。设置内奏事处，也是清代皇帝防止宦官（太监）窃权乱政的措施之一。

长兴　浙江省湖州府所辖县，在该省北端，北接江苏省，西界安徽省，东北部邻太湖。今仍名长兴县。

赛冲阿（？—1828）　赫舍里氏，正黄满洲旗人。善骑射，曾因作战勇猛而赐巴图鲁号。嘉庆二年（1797），率吉林兵赴四川，从德楞泰镇压白莲教，屡次获捷。六年以后，相继任西安、

1816	嘉庆二十一年	五月二十九日，嘉庆帝谕，传令英国使船北上来京，不得在沿海各省登岸，准由天津登陆。
1816	嘉庆二十一年	六月二十九日，大学士庆桂去世。
1816	嘉庆二十一年	六月三十日，陕甘总督那彦成被革职，解京惩处。
1816	嘉庆二十一年	闰六月初四日，英国使船至天津口岸。
1816	嘉庆二十一年	闰六月初七日，清朝官员接见英国使团翻译**马礼逊**。
1816	嘉庆二十一年	闰六月十九日，英国使团正使**阿美士德**抵达天津。

宁夏、广州等处驻防将军。十一年，任福州将军时曾调兵击海盗蔡牵。自十四年起，又先后任西安、吉林、成都、盛京将军。晚年还曾在京任御前大臣、领侍卫内大臣、理藩院尚书、八旗都统等职。

马礼逊（Robert Morrison，1782－1834） 英国传教士，汉文音译马礼逊，嘉庆十二年（1807）来中国，到达广州，后移住澳门，努力学习中文，造诣颇高。他是基督教新教在中国的最早传播者，也是最早将基督教圣经译为中文之人，兼任英国东印度公司译员。嘉庆二十一年，英国派遣以阿美士德为首的使团来华，由马礼逊充任翻译，与清

1816	嘉庆二十一年	闰六月二十八日，因英船有五艘至天津即南返，嘉庆帝令严禁其于沿海之地随意登岸。
1816	嘉庆二十一年	闰六月二十九日，谕令于天津重设水师驻防。
1816	嘉庆二十一年	七月初七日，嘉庆帝召见英使，因英使数次推延不至，嘉庆帝怒令驱逐回国。
1816	嘉庆二十一年	七月初八日，嘉庆帝说明拒见英使缘由，致书英国王。
1816	嘉庆二十一年	七月初八日，安排英使进见之多名清廷官员被革职。
1816	嘉庆二十一年	七月十八日，嘉庆帝等木兰秋狝，本日启程。

官方进行交涉。

阿美士德（Lord William Pitt Amherst, 1773－1857） 英国人，嘉庆二十一年（1816），率英国使团来华，原计划就扩大英国商人在华经商的便利条件、权益，以及英使长驻北京等，与清政府交涉。在觐见嘉庆皇帝前，清朝官员就觐见礼仪与之商议，告之应向皇帝行三跪九叩礼。双方实际在进见礼节上未达成一致意见，清廷负责官员并未将这种情况向嘉庆帝明确报告。待嘉庆皇帝召见时，阿美士德等几次托词，不能进见，实不愿行跪拜礼，以免有损本国国体，嘉庆帝怒而降旨，逐其回国。阿美士德等此行无功而返。

1816	嘉庆二十一年	八月初五日，嘉庆帝阅盛京官兵射箭，斥责疏于训练之官员。
1816	嘉庆二十一年	十月初一日，谕两广总督，以后英使进贡，只在广东收泊，不得径往天津。
1816	嘉庆二十一年	十一月初七日，两江总督百龄去世。此月调**孙玉庭**任两广总督。
1816	嘉庆二十一年	十一月初九日，御史因奏请旗人从事纺织以裕生计而被降职。

孙玉庭（1753－1834） 字寄圃。山东济宁人。乾隆四十年（1775）进士，任翰林院检讨。后出任山西河东道、广西盐法道等职。嘉庆元年（1796），官广西按察使。四年起，历任湖南、安徽、湖北布政使，专为征剿白莲教起义的军队筹办粮饷。因其十分尽职而于嘉庆七年升为广西巡抚，后迁广东。十三年，英国军舰登陆澳门，占据炮台，玉庭因此被贬往贵州。次年，免罪，授云南巡抚，不久，兼云贵总督。二十一年，出任两江总督兼协办大学士，在任近九年，于漕运、盐务、河工等江南要政颇有建树。道光四年（1824），黄河泛滥，运河受阻，诏命玉庭设法恢复漕运。五年秋，漕运恢复，但令其去职之诏已下。此后玉庭家居九年，于十四年病故。著有一部文集，题名《延厘堂集》。

吴淞口 在今上海市北，为吴淞江、黄浦江交会之入海口。

崔述（1740－1816） 字武承，号东壁。直隶（今河北）魏县人。少贫寒，能攻读不辍。乾隆二十七年（1762）中举。后应会

1817	嘉庆二十一年	十一月二十四日，禁私铸小钱，定严拿究办章程。
1817	嘉庆二十一年	十二月十六日，准以民捐民办形式疏浚**吴淞口**，不令官吏插手。
1817	嘉庆二十一年	十二月十九日，户部奏，各省积欠达一千七百二十万两银，因勒限催追。
1816	嘉庆二十一年	学者**崔述**、**张海鹏**、**舒位**去世。

试不第，迫于生计，设馆授徒，从事著述。嘉庆元年（1796），年近六十，方以举人选授为福建罗源与上杭两地知县。任内开释蒙冤商民，革除不良风俗，举办文化事业。六年，以老乞休归乡，仍潜心著述。崔氏治学，自辟蹊径，对古史主张考而后信；以六经为依据，试图通过考据途径来再现我国上古历史真貌。历一生著成《考信录》。崔氏敢于疑古，独步一时，故此作直至20世纪初才为史学界重视，成为晚近古史辨派之先驱。崔氏一生著述，除此代表作外，还有《王服异同汇考》、《古文尚书辨伪》、《读风偶识》等。

张海鹏（1755－1816）　字若云，号子瑜。江苏常熟（今常熟市）人。二十一岁中秀才。后两次乡试落第，从此弃绝功名，致力于搜寻稀世刻本、抄本，校勘印行。曾得同道好友杭州何元锡之助，将文渊阁所藏善本抄出。从嘉庆七年（1802）起，历八年之功，相继编印了《学律讨原》、《墨海金壶》与《借月山房汇钞》三部丛书，共汇集了自

1817	嘉庆二十二年	正月，赈山东、江苏上年被水灾民。
1817	嘉庆二十二年	三月，挑选举人，充任河工之职。
1817	嘉庆二十二年	四月初四日，重申禁将军以下总兵以上乘坐肩舆。
1817	嘉庆二十二年	四月二十五日，取中吴其浚等二百五十五人为进士。
1817	嘉庆二十二年	五月二十九日，因直隶旱灾，嘉庆帝命百官指摘其为政过失。
1817	嘉庆二十二年	六月二十日，令督抚通饬各州县，清理常平

汉至清各朝珍本书四百余种。凭此编印之功，张氏得以扬名学术界。此外，还重新刊刻了宋代李昉等人所辑卷佚浩繁的钦定类书《太平御览》，于嘉庆十四年刊印。晚年时，张氏曾辑有《金帚编》，但未及刊出便已辞世。

舒位（1765—1816） 字立人，号铁云。顺天大兴（今属北京）人。以诗词戏曲著称于世。乾隆五十三年（1788）中举，后会试九次不第。期间，漫游各地，长期充任教习与幕客。嘉庆元年（1796），入直隶河间知府王朝吾幕。翌年，随王去贵州，得遇满族将军勒保，入其幕，甚得器重。九年起，于江苏松江府供职。舒位才艺出众，不仅以诗才知名，又善音律，能奏多种乐器。十四年起，于京城创作了一批剧本，后与毕华珍合作，配曲上演，深受欢迎。后世将其所作部分杂剧合刊为《瓶笙馆修箫谱》。嘉庆十七年，舒位南返，三年后，

		仓、**社仓**积弊。
1817	嘉庆二十二年	六月，因直隶旱灾，京城粮价增昂。
1817	嘉庆二十二年	七月十八日，嘉庆帝等启程赴热河木兰秋狝。
1817	嘉庆二十二年	七月二十六日，以难查违禁货物，禁各地茶叶海运至广东，只准由内地运往。
1817	嘉庆二十二年	八月，查禁**武童**考试顶冒等弊端。
1817	嘉庆二十二年	九月初十日，重处宗室习教者。
1817	嘉庆二十二年	九月十二日，**阮元**任两广总督。

病故于苏州。著有《瓶水斋诗集》及《铁云鸦藤馆诗话》等。

社仓　地方乡镇自办的粮仓，一般由本地乡绅倡办，征集仓粮，或用于平粜借贷，或遇灾荒时放粮赈济、施粥，救济本地灾民。

武童　参加武科举考试之童生的称谓，以别于文科举的文童（儒童）。

阮元（1764—1849）　字伯元，号芸台。江苏仪征人。乾隆五十四年（1789）成进士，入翰林院，后出任山东、浙江学政。嘉庆年间（1796—1820）屡居要职，历任兵、礼、工、户四部侍郎，会试总裁，乃至漕运、湖广、两广总督。道光六年（1826），转调云贵总督。晚年入京，拜为体仁阁大学士。阮元治学师承戴震，后研究音韵训诂，曾问学于王念孙，深受其影响。其一生积极倡导学术，注重选拔培养人才，曾在浙江设立诂经精舍，在广东设立学海堂等著名书院，并先后建

1817	嘉庆二十二年	九月二十日，因江浙诸省春秋拜神聚众多人，命督抚查禁。
1817	嘉庆二十二年	十一月十一日，以各省**官学**疏怠教育，严饬整顿。
1818	嘉庆二十二年	十一月二十九日，谕令甘肃省禁止种植烟草。
1818	嘉庆二十二年	十二月二十五日，《高宗纯皇帝圣训》刊印

杭州“灵隐书藏”、镇江“焦山书藏”等藏书楼。其著述极丰，除自著的《研经室集》、《积古斋钟鼎彝器款识》、《小沧浪笔谈》等十余种外，还组织辑录编修科技、经学、训诂、金石学等方面多种专著，较重要的有《畴人传》、《经籍纂诂》、《十三经注疏》、《皇清经解》及《华山碑考》等。

官学　一般指官方举办的府学、州学、县学，也称儒学，官方设置教官及管理人员，专门为培养科举人员而施行教育。清代八旗设立的培养旗人子弟的各种学校也称官学，如八旗官学、景山官学、咸安宫官学等。

恽敬（1757—1817）　字子居。江苏阳湖（今常州）人。乾隆四十八年（1783）中举。后进京任教于咸安宫官学，得以结识张惠言、庄述祖等名士。五十九年，选授浙江富阳知县。因锐意图治，为上司所妒，派往贵州督运军需。嘉庆元年（1796）返回后，官浙江江山知县。五年，授江西新喻知县。任上，整修城池，严肃法纪，使民风大变。十

		全竣，颁发官员。
1817	嘉庆二十二年	学者**恽敬**故世。**福长安**卒。
1818	嘉庆二十三年	正月初三日，新任巡抚文宁因扰累驿站被革职。
1818	嘉庆二十三年	正月二十七日，将汉旗人出身之皇后、皇贵妃母家改为复姓，于汉姓下加“佳”字。
1818	嘉庆二十三年	正月三十日，禁圆明园附近燃放爆竹。

年，调往江西瑞金，该县因而大治。十七年，升为江西南昌同知，政声廉洁。两年后，因政敌告发他听任属下受贿而被罢职。从此，专志于文学。恽敬学识渊博，文才出众，与张惠言同为阳湖派古文的创始人。存有《大雪山房文稿》、《子居决事》等著述。

福长安（？—1817） 镶黄满洲旗人。大学士傅恒之子，福康安之弟。自蓝翎侍卫累迁为正红旗副都统。乾隆四十五年（1780），奉命在军机处行走。六年后，升户部尚书。嘉庆三年（1798），清军擒获白莲教重要首领王三槐，福长安以入值军机处论功得以封侯。四年初，和珅被诛，福长安以一向阿附和珅被革职抄家并判死罪，后诏赐免死监禁。年底，又蒙恩获释。旋即受遣以员外郎衔派往裕陵供职。六年，以患病为辞乞请回京，触怒皇帝，被夺职发往盛京（今沈阳）披甲。此后余年，多任武职，其间亦有沉浮。二十一年，官至满洲正黄旗副都统。翌年死去，追赏都统衔。福长安一生平平，即使失势前入值军机期间，

1818	嘉庆二十三年	二月初八日，因湖广、江西等省私盐充斥，官盐滞销，命将**盐道**革职留任疏销。
1818	嘉庆二十三年	三月初三日，嘉庆帝等谒**泰陵**，本日启程。
1818	嘉庆二十三年	四月初四日，令四川、两广、陕西、河南各督抚协同查禁私盐。
1818	嘉庆二十三年	四月十三日，因直隶天旱，嘉庆帝祈雨，并命皇子、亲王至各坛祈雨。
1818	嘉庆二十三年	四月十七日，山东按察使温承惠奏报，该省

亦无建树可言。之所以官至高位，皆赖其显赫门庭。

盐道 清代盐务官之一，专门负责各盐区私盐之稽察、盐价及官方引盐之疏销等。

泰陵 清世宗雍正皇帝的陵墓，在今河北省易县。雍正八年（1730），在该地选择陵址后兴建，至乾隆二年（1737）完工。其东北为泰东陵，葬雍正帝的孝圣皇后即乾隆帝生母。清朝入关后的帝陵分东、西二陵，泰陵属西陵，为西陵之首陵，自泰陵建后，嘉庆等几位皇帝先后葬于此地。

孝陵 清入关后第一位皇帝顺治帝的陵墓，在今河北省遵化县，为清东陵之首陵，也是主陵。陵中葬顺治帝和他的两位皇后，一位是孝康后，即康熙皇帝的生母；一位是孝献皇后，本为顺治帝的宠妃，董鄂氏，死后追封皇后。清初满族实行火葬，所以孝陵中的这一帝二后皆为骨灰入葬。

景陵 康熙皇帝的陵墓，位于孝陵之东南。始建于康熙十五

		积压未结刑案四千多件。
1818	嘉庆二十三年	五月二十八日，拨京仓米麦万石，交顺天府平粜。
1818	嘉庆二十三年	七月二十八日，嘉庆帝东巡盛京，本日离京。
1818	嘉庆二十三年	八月，嘉庆帝祭拜永陵。
1818	嘉庆二十三年	九月初，嘉庆帝祭拜福陵、昭陵。
1818	嘉庆二十三年	十月初八日，嘉庆帝回京途中，拜谒**孝陵**、**景陵**、裕陵。

年（1676），康熙二十年基本完成，陵中除葬康熙帝外，还将他的五个身份较高的妻子合葬。她们是，孝诚皇后，赫舍里氏，废太子胤礽的生母，康熙十三年五月去世，二十年三月入葬景陵；孝昭皇后，钮祜禄氏，死于康熙十七年，与孝诚皇后同时入葬景陵；孝懿皇后，佟佳氏，康熙二十八年去世，同年葬入；孝恭皇后，乌雅氏，雍正帝的生母，原为妃，雍正继位后晋为皇太后，雍正元年（1723）五月去世，当年九月与康熙帝一同葬入；敬敏皇贵妃，章佳氏，怡亲王胤祥生母，死于康熙三十八年，原为妃，雍正继位后，封其皇弟胤祥为怡亲王，倚为股肱，因于雍正元年六月又追封其生母为皇贵妃，封后次日葬入景陵。景陵东侧还有集中埋葬康熙帝其他妻妾共四十八人的坟墓，称为妃园寝。妃园寝之东为景陵皇贵妃园寝，埋葬康熙帝的悫惠皇贵妃和惇怡皇贵妃，乾隆帝幼小时曾入祖父宫中抚养，由这两位妃子看

1818	嘉庆二十三年	十月十二日，大学士董诰去世。
1818	嘉庆二十三年	十一月二十日，僧人广修因在京城寺内收藏军器多件，被发遣黑龙江为奴。
1818	嘉庆二十三年	十一月二十二日，命松筠署理**绥远城将军**事务。
1818	嘉庆二十三年	十一月二十六日，谕各省督抚，查禁州县官

视，因而她们死后乾隆帝为她们单起园寝。

绥远城将军　绥远城在今内蒙古呼和浩特市，为雍正十三年（1735）于归化城东北所筑新城，乾隆二年（1737）城工告竣，增兵驻防，并设将军统辖，后称绥远城将军。该将军除统兵外，还兼管归化城土默特蒙古事务。

养济院　官方设置的收养孤贫残疾及无依无靠老人的处所。官府拨款，建房、置地收租，被养恤者或留住收养，或发予其钱粮衣物。清代的府州县城多建有这类慈善机构。

翁方纲（1733—1818）　字正三，号覃溪。顺天大兴（今属北京）人。方纲天资过人，乾隆十七年（1752），十九岁即成进士，任翰林院编修，累迁至内阁学士。并多次任乡试考官及主持广东、江西、山东学政。嘉庆四年（1799），因年高办事不力降为鸿胪寺卿。六年，派往马兰峪守护高宗陵墓。九年，奉命致仕。方纲生平博学多闻。于经学方面，曾为《孟子》、《诗》、《论语》、《礼记》等作注。其学尤精于金石文字，识见极高。撰有《粤东金石略》、《两汉金石记》等。作为书法家，他与同时代的刘墉、梁同书及王

		与地方富豪交结。
1818	嘉庆二十三年	十二月初四日，令严查各地**养济院**，清理积弊。
1819	嘉庆二十三年	十二月十二日，降旨，普免全国民欠钱粮。
1818	嘉庆二十三年	学者**翁方纲**、**孙星衍**、**吴锡麒**去世。**龚自珍**于此年中举。

文治有“四大书家”之称。尤善蝇头小楷，能于胡麻上作数字，人称“神技”。嘉庆二十三年（1818）辞世。他一生著述宏富，除上面提及外，尚有《复初斋文集》等六十余种。

孙星衍（1753－1818） 字渊如。江苏阳湖（今常州）人。青年时就读于南京钟山书院，文才出众，与洪亮吉、黄景仁等齐名。乾隆四十五年（1780），受聘入毕沅府做幕僚，参与编写陕西《醴泉县志》、《澄城县志》及《三水县志》等地方志。五十二年殿试，高中榜眼，授编修，于三通馆任校理。嘉庆元年（1796），署理山东按察使。四年，应毕沅之邀，主讲于杭州诂经精舍。九年，出任山东粮道，至十六年因病致仕。晚年主讲于南京钟山书院。星衍博及群书，勤于著述。于经史、文字、音韵、金石、诸子百家无不涉猎，尤精于《尚书》。撰有《尚书今古文注疏》、《古文苑》、《寰宇访碑录》等。星衍又喜藏书，有自编藏书目录《孙氏祠堂书目》。此外，还刊有《平津馆丛书》及《岱南阁丛书》，其中多有善本，为学者所重。

吴锡麒（1746－1818） 字圣征。浙江钱塘（今杭州）人。乾

1819	嘉庆二十四年	正月初一日，以本年为皇帝六十寿诞，颁诏全国大赏，罪犯减刑。
1819	嘉庆二十四年	正月初一日，封皇子、皇孙，晋封皇侄、皇侄孙。
1819	嘉庆二十四年	二月初五日，因浙江省**鄞县**、**慈溪**之**生员**结党包讼、挟制长官，命严行查办。

隆四十年（1775）进士，授翰林院编修。屡经升迁，至国子监祭酒。嘉庆元年（1796），任上书房师傅。锡麒至孝，亦淡泊名利。三年，以亲老乞养归里。此后主讲于扬州安定书院。期间，曾参与校勘《全唐文》。锡麒以诗、文知名，尤工于骈体文。被公认为是继杭世骏、厉鹗之后浙江诗坛领袖。四方纷乞其文，朝鲜、琉球使臣也竞相收购。散文家吴鼒曾将其与清代另外七位文人之作辑成一部骈体文选集《八家四六》。本人著有《有正味斋集》。

龚自珍（1792—1841）　又名巩祚，字璱人，号定盦。浙江仁和（今杭州）人。出身于累代仕宦簪缨之家，外祖父是著名学者段玉裁。龚氏自幼聪慧，青年时以贡生充武英殿校录，并研究史料学与校勘学。嘉庆二十三年（1818）中举。后留京，师从刘逢禄治《公羊春秋》，常凭经义讥讽时政，与魏源齐名，时称龚、魏。但其仕途极不得志。道光九年（1829），才考中进士，相继担任内阁中书、礼部主事等职。因揭露时弊，支持禁烟，屡遭权贵排挤。道光十九年，辞官南归。不久，写下大型抒情诗《己亥杂诗》。龚氏除治经外，

1819	嘉庆二十四年	二月初七日，觉罗舒廉因制造出售赌具，被惩处。
1819	嘉庆二十四年	二月十七日，谕各省督抚，严防幕宾舞弊。
1819	嘉庆二十四年	二月，派官员至西藏接送**哲卜尊丹巴呼毕勒罕**至**库伦**。
1819	嘉庆二十四年	三月初七日，嘉庆帝启程拜谒东陵、西陵。

兼治史学，尤长于西北地理，曾助修《清会典》“理藩院”一门，手绘青海、西藏各图，并撰《蒙古图志》、《和西域置行省议》。龚氏一生著述极丰，存有《定盦文集》等作，后世刊成《龚自珍全集》。

鄞县 浙江省所辖县，在该省东部，属宁波府，今仍称鄞县。

慈溪 浙江省所辖县，在该省东部，鄞县以北，属宁波府，今仍称慈溪。

生员 俗称秀才，是童生考试被录取的官学学生，在府学或州学、县学这类官学中接受教育。生员定期考试，选拔较优者，参加每三年一次的省级乡试，以考取举人。另外，还可以各种形式选拔为国子监贡生。

哲卜尊丹巴 漠北蒙古喇嘛教教主，黄教的转世大活佛之一，自康熙三十年（1691）受清廷册封为大喇嘛，掌管漠北蒙古地区喇嘛教事务。雍正以后，驻锡库伦。其一世、二世均出生于漠北喀尔喀蒙古土谢图汗部王公之家。自三世以后转生于藏区的藏族。哲卜尊丹巴是这一系活佛的世袭法号。

呼毕勒罕 转世、化身之义。喇嘛教谓诸活佛死后转生，其转生者即称呼毕勒罕。

1819	嘉庆二十四年	三月十六日，重申**金奔巴瓶定制**不得变更。
1819	嘉庆二十四年	四月初九日，因山东省革职官员在京多有不法行为，勒令回籍。
1819	嘉庆二十四年	四月二十五日，取中陈沆等二百二十四人为进士，此日传胪。
1819	嘉庆二十四年	四月二十八日，因京师、直隶天旱，嘉庆帝祈雨。
1819	嘉庆二十四年	闰四月初，查出宫中侍卫吸鸦片者，革职。
1819	嘉庆二十四年	闰四月二十八日，令严查八旗**翻译考试**代考之弊，作弊者重处。
1819	嘉庆二十四年	五月十一日，清查旗人为冒领钱粮而抱养民

库伦　在漠北喀尔喀蒙古土谢图汗部，今名乌兰巴托。清代，这里是哲卜尊丹巴活佛的世居之地，清廷也在此设库伦办事大臣，掌理土谢图汗部、车臣汗部事务，以及中俄边境、贸易诸事。

金奔巴瓶定制　清廷所制定的决定喇嘛教活佛转世者的制度。喇嘛教中的格鲁派即黄教实行首领转世制度，如达赖、班禅、哲卜尊丹巴、章嘉及其他大活佛，死后即有转世灵童出生，称呼毕勒罕，由于寻访及确定该灵童常为藏蒙某些贵族控制，存在不少弊端，因而乾隆五十七年（1792）定制，某活佛死后，其被寻觅到的若干转世灵童，皆将其名字写于象牙签上，放在金瓶之中，在清廷官员的监督下抽取确定。“奔巴”为藏语，“瓶”之义。金奔

		人之子、**户下人**之子为嗣者。
1819	嘉庆二十四年	六月十三日，命各省督抚大力整顿**书院**。
1819	嘉庆二十四年	六月二十九日，禁宗室王公旗人官员派人至各衙署处打探事件。
1819	嘉庆二十四年	七月初四日，重申禁止王公大臣派人入皇宫中侦探事件。
1819	嘉庆二十四年	七月二十日，嘉庆帝等启程赴热河木兰秋狝。
1819	嘉庆二十四年	七月二十日，永定河决口。
1819	嘉庆二十四年	七月，黄河于**兰阳**等处决口。

巴即金瓶，所以这一制度也称“金瓶掣签”或“金奔巴制”。

翻译考试　清代专为旗人设置的科举考试，考试分两种，一种是以满文（清文）译汉文、以满文作文章，一种是将满文译成蒙古文。翻译考试也有童试、乡试、会试，取中者分别名翻译生员、翻译举人、翻译进士。

户下人　附在旗人户主名下之人，身份为奴仆，即旗下家奴。

书院　创始于唐代。宋代有白鹿、石鼓、睢阳、岳麓四大书院，为学者讲学、研究学术之地。清代是书院大发展时期，数量颇多，各省会及府州县城均有设置，但多数书院已成为培养士子科举教育的场所，且处于官方的管理或控制之下。

兰阳　河南省所辖县，隶开封

1819	嘉庆二十四年	八月十四日，大学士勒保去世，派皇子祭奠。
1819	嘉庆二十四年	八月十四日，拨米十万石，至直隶水灾地备赈。
1819	嘉庆二十四年	八月二十五日，赈河南被水灾民。
1819	嘉庆二十四年	八月二十六日，嘉庆帝以水灾河患，停木兰秋狝，自承德回京。
1819	嘉庆二十四年	九月十五日，通谕各省**学政**，严禁收受陋规。
1819	嘉庆二十四年	九月，以下月皇帝六十寿辰，免王公及一、二品大员之处分。
1819	嘉庆二十四年	十月初六日，嘉庆帝六十寿辰，举行庆贺礼。
1819	嘉庆二十四年	十月十六日，准拨银九百六十万两，用于黄河工程。

府，黄河流经该县。道光四年十二月（1825年1月），改名兰仪县，宣统元年（1909）八月，为避溥仪之名讳又改名兰封县。今名兰考县。

学政　别称学台、督学等，是掌一省官学教育及考试等事务之长官，带有中央派遣督察管理性质，故全称是“提督学政”，或称“督学使者”。

八旗官学　教育八旗子弟的学校，每旗一所。每旗选取若干名学生入学，每月发予银两。学习满、蒙、汉文，并练习骑射。八

1819	嘉庆二十四年	十一月十四日，谕内阁，本年因六旬寿辰，普免全国积欠正赋银达二千一百万两，谷四百万石，其中江苏、安徽、山东三省居其过半。
1819	嘉庆二十四年	十一月十九日，以八旗教育荒疏，命整顿**八旗官学**。
1819	嘉庆二十四年	十一月二十日，因盛京近年赌风甚炽，命严拿究办。
1819	嘉庆二十四年	十二月初九日，严饬各省督抚，禁讳盗、纵盗。
1819	嘉庆二十四年	十二月十六日，八旗王大臣等以颁赐《八旗通志》谢恩。
1819	嘉庆二十四年	是年，学者**梁玉绳**去世。

旗官学归国子监管理。

梁玉绳（1745－1819）　字曜北，号谏庵，别号清白士。浙江钱塘（今杭州）人。家世显贵，而不志富贵。乡试八次不中，年未四十，即弃绝功名，专心著述。玉绳精于史学，曾潜心批阅《史记》二十载，于乾隆五十二年（1787）完成《史记志疑》三十六卷。同一时期所作《人表考》，旁征博引，尤为精审。五十八年，又撰成一部中国历代年号录，题名《元号考》。嘉庆元年（1796），其《志铭广例》脱

1820	嘉庆二十五年	正月十二日，准延展**两淮官盐**之加价。
1820	嘉庆二十五年	正月十九日，命严查江苏**宝苏局**私铸小钱事。
1820	嘉庆二十五年	三月初八日，**兵部遗失行印案**发。
1820	嘉庆二十五年	三月十一日，晋封庆郡王**永璘**为庆亲王。
1820	嘉庆二十五年	四月二十五日，取中陈继昌等二百四十六人为进士，此日传胪。
1820	嘉庆二十五年	四月二十六日，因兵部遗失行印，多名失职官员被惩处。

稿。玉绳认为，自东晋后，经学即分南北。自唐以后，则有南学而无北学。所作《瞥记》，多释经之文，有禆古义。其生平著述除《史记志疑》单独刊行外，其余均于嘉庆十六年合刊为《清白士集》。

两淮官盐　清代食盐官卖制度，按不同产盐地，在其就近地区规定销售的地域范围，并由官方组织商人承领官盐引售卖，官定盐价。两淮官盐指淮南、淮北各盐场所产之盐，营销于江苏、安徽、江西、湖北、湖南、河南六省，这一销盐区为两淮盐区，是全国最大的销盐区。

宝苏局　清代江苏省的铸钱机构。清代，各省铸钱局之名称，在宝字下加该省之称，宝苏之“苏”在这里是江苏省的简称。

兵部遗失行印案　嘉庆朝要案。兵部行印，是专为随兵营携带钤用之印，另有堂印，是在本衙署办公时钤用之印。嘉庆二十五年

1820	嘉庆二十五年	六月初八日，因各省来京呈控案多，命发回督抚亲提审断。
1820	嘉庆二十五年	七月十五日，申谕：京城已退职书吏，不准滞留京师，并令严拿究办。
1820	嘉庆二十五年	七月十八日，嘉庆帝等以木兰秋狝，本日启程。
1820	嘉庆二十五年	七月二十四日，嘉庆帝一行至承德避暑山庄。
1820	嘉庆二十五年	七月二十五日，嘉庆帝于避暑山庄病逝。

（1820）三月，发现兵部的行印已遗失，嘉庆帝立即派王大臣严行查讯，由于被查讯者众口异词，经一个多月，也未能查出确情。后经昼夜鞫审，有人供出上年八月在去热河途中的巴克什营地方遗失。在收印贮库这一程序中，官员并未认真查看，以致无印之匣入库。结果，多名官员被革职或发遣，失职之看护行印书吏及故意将印匣含混入库之书吏等被发往伊犁、黑龙江等处为奴。

永璘（1766－1820） 清朝第一代庆亲王，乾隆皇帝第十七子。为孝仪皇后所生，嘉庆皇帝之同母弟。乾隆五十四年（1789），封为贝勒。嘉庆四年（1799），仁宗亲政，封惠郡王，几天后改为庆郡王。同年和珅被诛，其府宅赐与永璘。永璘才智平庸，从未担任过重要职务。二十五年患病后，仁宗亲临看视，并晋封亲王，不久即逝，谥为“僖”。时有三子，均已成人。由第三子绵

1820	嘉庆二十五年	七月二十六日，**托津**等开启秘密立储金匣，皇次子绵宁以预立皇太子身份继承大统。
1820	嘉庆二十五年	七月二十七日，学者**焦循**去世。
1820	嘉庆二十五年	八月，移嘉庆帝梓宫还京。

憋降袭郡王爵。

托津（1755—1835）　富察氏，字知亭，镶黄满洲旗人。乾隆中授都察院笔帖式，后迁为给事中。以诚朴知遇于嘉庆帝，自嘉庆十年（1805）入军机处，连任军机大臣十五年，其间，各省每有重要事件及大案，则被任为钦差前去勘察，几乎年年奉此使命。嘉庆十九年，授领侍卫内大臣、拜东阁大学士，管理户部。晋太子太保。道光帝继位后，又晋其为太子太傅，御制诗赞其“立朝正色”。道光十五年（1835）卒，八十一岁，道光帝亲临祭奠，赠其太子太师，祀贤良祠。

焦循（1763—1820）　字理堂，晚年自号里堂老人。江苏甘泉（今扬州）人。嘉庆六年（1801）中举后，仅于翌年参加会试，落第后即绝意仕进，设馆授徒，专事学问。焦氏极推崇戴震之学，但于考据之外能兼谈义理，试图调和汉学与宋学。曾治《论语》、《孟子》以及毛诗、三礼，著有《论语通释》、《孟子正义》等作。嘉庆十四年，受聘编纂家乡地方志《扬州府志》。焦氏好学深思，于经史、历算、音韵、训诂，无所不精，时称通儒。尤其擅长易学，能以数理知识用于易学研究，撰有《易学三书》等多种易学专著。其一生勤奋，著作宏富，另有《群经宫室图》、《剧说》、《里堂道听录》、

1820	嘉庆二十五年	十月，上嘉庆帝谥号，称睿皇帝。庙号仁宗。
1820	嘉庆二十五年	**李汝珍**著名小说《镜花缘》撰成。
1821	道光元年	三月，葬嘉庆帝于**昌陵**。

《雕菰楼集》等。

李汝珍（1763？—1830？）字松石。顺天大兴（今属北京）人。乾隆四十七年（1782），其兄汝璜任板浦（今海州）场盐课司大使，汝珍随赴江苏海州，居此近二十年。其间，得遇凌廷堪等学者。嘉庆六年（1801），前往河南，充任某县县丞。三年后离职，仍潜居河南。约五年后，往居京师。汝珍精于音韵学，兼通南、北两方发音知识。十年，撰成《音鉴》一书，对传统音韵学作重大改进。此外，汝珍于文坛亦占有一席之地，撰有著名小说《镜花缘》，嘉庆二十五年，初稿始成，即被辗转传抄，广为流传。

昌陵　嘉庆皇帝陵寝，其孝淑皇后也合葬其中。此陵在清西陵陵区，今河北省易县境内，位于雍正帝之泰陵西南一里左右。其西旁为昌西陵，葬嘉庆帝之孝和皇后。西南为妃园寝。

*本书辞条部分的人物辞条，由李然撰写

附录

1. 嘉庆皇帝后妃表
2. 嘉庆皇帝诸子表
3. 嘉庆皇帝诸女表
4. 年代对照表
5. 辞条索引
6. 参考书目

嘉庆皇帝后妃表

位号	姓氏	出身	生育子女	备注
孝淑睿皇后	喜塔腊氏	内务府总管大臣和尔经额女	皇二子（道光帝） 皇二女 皇四女庄静固伦公主	乾隆三十九年册为永琰嫡福晋 嘉庆元年立为皇后 嘉庆二年卒
孝和睿皇后	钮祜禄氏	礼部尚书恭阿拉女	皇三子绵恺 皇四子绵忻 皇七女	乾隆后期永琰潜邸侧福晋 嘉庆六年立为皇后 道光继位后尊为皇太后 道光二十九年卒
恭顺皇贵妃	钮祜禄氏	主事善庆女	皇五子绵愉 皇八女 皇九女	嘉庆初年选入宫封如贵人 咸丰帝继位后为如皇贵太妃 咸丰十年卒
和裕皇贵妃	刘佳氏	拜唐阿刘福明女	皇长子 皇三女庄敬固伦公主	乾隆时永琰藩邸侍女 嘉庆十三年封诚贵妃 道光帝尊其为皇考诚禧皇贵妃 道光十三年卒
庄妃	王氏	文举人伊里布女		初号春贵人 嘉庆十三年册封为庄妃 嘉庆十六年卒
信妃	刘佳氏	将军本志女		初号信贵人 道光帝尊其为皇考信妃 道光二年卒
华妃	侯氏	上驷院卿讨住女	皇六女	乾隆时永琰藩邸侍女 嘉庆六年封华妃 嘉庆九年卒
恕妃（赠）	完颜氏	轻事都尉哈丰阿女		乾隆时永琰藩邸侍女 嘉庆二年追封恕妃 乾隆期卒
淳嫔	董氏	委署库长时泰女		嘉庆初赐号淳贵人 嘉庆六年封淳嫔 嘉庆二十四年卒
恩嫔	乌雅氏	左副都御史万明女		嘉庆时赐号恩贵人 道光帝继位后封为皇考恩嫔 道光二十六年卒

荣嫔	梁氏	员外郎光保女		嘉庆时赐号荣贵人 道光帝继位后封为皇考荣嫔 道光六年卒
安嫔	苏完尼瓜尔佳氏	公爵安英女		嘉庆时为常在 道光帝继位后封为皇考安嫔 道光十七年卒
简嫔（赠）	关氏	拜唐阿德成女	皇长女	乾隆时为永琰潜邸格格 嘉庆二年追封简嫔 乾隆后期卒
逊嫔（赠）	沈氏	内务府大臣职衔永和女	皇五女（赠惠安和硕公主）	乾隆时为永琰藩邸格格 嘉庆二年追封逊嫔 乾隆五十一年卒
芸贵人		不明		嘉庆十年卒

嘉庆皇帝诸子表

齿序	名字	生母	生年	卒年	备注
长子	未命名	永琰潜邸侧妃刘佳氏	乾隆四十四年	乾隆四十五年	二岁殇 道光帝继位后追封为穆郡王
第二子	绵宁(旻宁)	永琰嫡妃喜塔腊氏，即孝淑睿皇后	乾隆四十七年	道光三十年	嘉庆四年秘定为皇储 嘉庆十八年封智亲王 嘉庆二十五年八月继皇帝位
第三子	绵恺	永琰藩邸侧妃，后封皇后钮祜禄氏	乾隆六十年	道光十八年	嘉庆二十四年封惇郡王 次年晋亲王
第四子	绵忻	永琰藩邸侧妃，后封皇后钮祜禄氏	嘉庆十年	道光八年	嘉庆二十四年封瑞亲王
第五子	绵愉	如妃，后封恭顺皇贵妃钮祜禄氏	嘉庆十九年	同治三年	嘉庆二十五年封惠郡王 道光十九年晋亲王

嘉庆皇帝诸女表

齿序	位号	生母	生年	卒年	备注
长女		永琰潜邸庶妃关氏	乾隆四十五年	乾隆四十八年	四岁（虚岁，下同）殇
第二女		永琰潜邸嫡妃喜塔腊氏即孝淑睿皇后	乾隆四十五年	乾隆四十八年	四岁殇
第三女	庄敬和硕公主	永琰潜邸庶妃刘佳氏即和裕贵妃	乾隆四十六年	嘉庆十六年	嘉庆六年出嫁科尔沁蒙古左翼后旗郡王索特纳木多布斋
第四女	庄静固伦公主	永琰潜邸嫡妃喜塔腊氏即孝淑睿皇后	乾隆四十九年	嘉庆十六年	嘉庆七年嫁土默特蒙古右旗贝子玛尼巴达喇
第五女	慧安和硕公主（赠）	永琰潜邸庶妃沈氏即赠逊嫔	乾隆五十一年	乾隆六十年	十岁殇，嘉庆二十三年三月追封慧安和硕公主
第六女		永琰潜邸庶妃侯氏即华妃	乾隆五十四年	乾隆五十五年	二岁殇
第七女		永琰潜邸侧妃钮祜禄氏即孝和睿皇后	乾隆五十八年	乾隆六十年	三岁殇
第八女		贵人钮祜禄氏即恭顺皇贵妃	嘉庆十年	嘉庆十年	一岁殇
第九女	慧愍固伦公主（赠）	贵人钮祜禄氏即恭顺皇贵妃	嘉庆十六年	嘉庆二十年	五岁殇，追封慧愍固伦公主

年代对照表（嘉庆朝）

公历	清（嘉庆）	干支	生肖
1796年2月9日	元年正月初一日	丙辰	龙
1797年1月1日	元年十二月初四日	丙辰	龙
1797年1月28日	二年正月初一日	丁巳	蛇
1798年1月1日	二年十一月十五日	丁巳	蛇
1798年2月16日	三年正月初一日	戊午	马
1799年1月1日	三年十一月二十六日	戊午	马
1799年2月5日	四年正月初一日	己未	羊
1800年1月1日	四年十二月初七日	己未	羊
1800年1月25日	五年正月初一日	庚申	猴
1801年1月1日	五年十一月十七日	庚申	猴
1801年2月13日	六年正月初一日	辛酉	鸡
1802年1月1日	六年十一月二十七日	辛酉	鸡
1802年2月3日	七年正月初一日	壬戌	狗
1803年1月1日	七年十二月初八日	壬戌	狗
1803年1月23日	八年正月初一日	癸亥	猪
1804年1月1日	八年十一月十九日	癸亥	猪
1804年2月11日	九年正月初一日	甲子	鼠
1805年1月1日	九年十二月初一日	甲子	鼠
1805年1月31日	十年正月初一日	乙丑	牛
1806年1月1日	十年十一月十二日	乙丑	牛
1806年2月18日	十一年正月初一日	丙寅	虎
1807年1月1日	十一年十一月二十三日	丙寅	虎
1807年2月7日	十二年正月初一日	丁卯	兔
1808年1月1日	十二年十二月初四日	丁卯	兔
1808年1月28日	十三年正月初一日	戊辰	龙
1809年1月1日	十三年十一月十六日	戊辰	龙
1809年2月14日	十四年正月初一日	己巳	蛇
1810年1月1日	十四年十一月二十六日	己巳	蛇
1810年2月4日	十五年正月初一日	庚午	马
1811年1月1日	十五年十二月初七日	庚午	马
1811年1月25日	十六年正月初一日	辛未	羊

1812年1月1日	十六年十一月十七日	辛未	羊
1812年2月13日	十七年正月初一日	壬申	猴
1813年1月1日	十七年十一月二十九日	壬申	猴
1813年2月1日	十八年正月初一日	癸酉	鸡
1814年1月1日	十八年十二月初十日	癸酉	鸡
1814年1月21日	十九年正月初一日	甲戌	狗
1815年1月1日	十九年十一月二十一日	甲戌	狗
1815年2月9日	二十年正月初一日	乙亥	猪
1816年1月1日	二十年十二月初三日	乙亥	猪
1816年1月29日	二十一年正月初一日	丙子	鼠
1817年1月1日	二十一年十一月十四日	丙子	鼠
1817年2月16日	二十二年正月初一日	丁丑	牛
1818年1月1日	二十二年十一月二十五日	丁丑	牛
1818年2月5日	二十三年正月初一日	戊寅	虎
1819年1月1日	二十三年十二月初六日	戊寅	虎
1819年1月26日	二十四年正月初一日	己卯	兔
1820年1月1日	二十四年十一月十六日	己卯	兔
1820年2月14日	二十五年正月初一日	庚辰	龙
1821年1月1日	二十五年十一月二十七日	庚辰	龙
1821年2月3日	道光元年正月初一日	辛巳	蛇
1822年1月1日	道光元年十二月初九日	辛巳	蛇

辞条索引

【五画】

【六画】

【八画】

【九画】

【十画】

【十三画】

【十四画】

参考书目

《大清仁宗睿皇帝实录》，中华书局，1986年影印本。

《清史稿》，中华书局，1977年标点本。

林铁钧：《清史编年·嘉庆朝》，中国人民大学出版社，2000年。

《清史列传》，中华书局，1987年点校本。

（美）恒慕义等：《清代名人传略》，青海人民出版社，1990年。

关文发：《嘉庆帝》，吉林文史出版社，1993年。

杜家骥：《清朝简史》，福建人民出版社，1997年。

于善浦：《清东陵大观》，河北人民出版社，1984年。

《中国历史大辞典·清史卷》，上海辞书出版社，1992年。

谭其骧主编：《中国历史地图集·清时期》，中国地图出版社，1987年。

牛平汉主编：《清代政区沿革综表》，中国地图出版社，1990年。

钱仪吉：《碑传集》，中华书局，1993年标点本。

光绪《大清会典》及“事例”，官刻本。

唐邦治：《清皇室四谱》，上海仿宋书局，1923年。

罗运治：《清代木兰围场的探讨》，（台北）文史哲出版社，1989年。

清史事典笔记

图书在版编目（CIP）数据

嘉庆事典／杜家骥，李然编著.—北京：紫禁城出版社，2010.7
（清史事典／陈捷先主编）
ISBN 978-7-5134-0022-0

Ⅰ.①嘉… Ⅱ.①杜…②李… Ⅲ.嘉庆帝－生平事迹 Ⅳ.①K827=49

中国版本图书馆CIP数据核字（2010）第134388号

嘉庆事典

主　　编：陈捷先
编　　著：杜家骥　李　然
责任编辑：杨付红
装帧设计：李　猛
出版发行：紫禁城出版社
地址：北京东城区景山前街4号　邮编：100009
电话：010-85007808　010-85007816　传真：010-65129479
网址：www.culturefc.cn　邮箱：gugongwenhua@yahoo.cn
印　　刷：保定市中画美凯印刷有限公司
开　　本：787×1092毫米　1/16
印　　张：16.25
字　　数：203千字
版　　次：2010年7月第1版
　　　　　2010年7月第1次印刷
印　　数：1~3,000册
书　　号：ISBN 978-7-5134-0022-0
定　　价：32.00元